Matt Galan Abend

# Leben heißt Loslassen

## Alles, was wir festhalten, hält auch uns fest

Verlag Via Nova

Matt Galan Abend

# Leben heißt Loslassen

## Alles, was wir festhalten, hält auch uns fest

Verlag Via Nova

4. Auflage 2013
**Verlag Via Nova, Alte Landstraße 12, 36100 Petersberg**

Telefon: (0661) 62973
Fax: (0661) 9 67 95 60
E-Mail: info@verlag-vianova.de
Internet:
www.verlag-vianova.de

Umschlaggestaltung: Klaus Holitzka, 64756 Mossautal
Satz: typo-service kliem, 97647 Neustädtles
Druck und Verarbeitung: Appel & Klinger, 96277 Schneckenlohe
© Alle Rechte vorbehalten
ISBN 978-3-86616-024-8

*Leben heißt Loslassen.
Leben ist ständiger Wandel.
Leben ist Entstehen und Vergehen.
Leben heißt Kommen und Gehen*

\*

*Wenn wir festhalten,
nehmen wir dem Leben die Lebendigkeit.*

\*

*Wenn wir festhalten,
nehmen wir uns selbst aus dem Leben!*

# Inhalt

*Einführende Gedanken*     11

*Wohl dem, der über sich selbst schmunzeln kann.*

***Der menschliche Urtrieb des Sammelns und das Grundbedürfnis nach Anerkennung***
Der Mensch ist ein Herdentier und kein Einzelgänger.
Die Herde funktioniert nach dem Prinzip des Austauschs.
Geben und nehmen – loslassen und annehmen. Der einzelne Mensch sucht Integration und gleichzeitig eine besondere Stellung in der Herde.     19

***Warum „Loslassen" für die meisten Menschen so schwierig ist***
Das Kernproblem sind eine falsche Ich-Identifikation und das Streben nach vermeintlicher Sicherheit. In einer sich ständig wandelnden Schöpfung gibt es keine Sicherheit.     31

***Urvertrauen als Lebensbasis***
Je größer das Urvertrauen, desto leichter das Loslassen.
Was ein gesundes Urvertrauen eigentlich bedeutet und wie wir es für uns erreichen können.     40

***Leben in der Fülle der Schöpfung***
Wenn wir an etwas Mangel leiden, machen „wir" etwas falsch. Die Fülle kommt nicht von außen, sie kommt allein von innen. „Wie innen so außen." Das Setzen der richtigen Ursachen.     51

### *Loslassen in der Eltern-Kind-Beziehung*
Kinder sind eine Leihgabe. Sie sind weder Eigentum noch Altersvorsorge. Wir müssen sie loslassen. Eltern sind keine Versicherung auf Lebenszeit. Wir müssen sie loslassen. Eine gesunde Eltern-Kind-Beziehung ist eine Partnerschaft auf Zeit mit gegenseitiger Anerkennung. 65

### *Loslassen in der Zweierbeziehung*
Mein Mann (Frau) ist nicht „mein" Mann. Alles, was wir festhalten wollen, werden wir wahrscheinlich verlieren – alles, was wir bereit sind loszulassen, werden wir wahrscheinlich behalten. 75

### *Das Loslassen von Besitz*
Nichts gehört uns! Würde es uns wirklich gehören, müssten wir es mitnehmen können. Besitz steht uns für eine Weile zur Verfügung. Wir können daraus Freude oder Leid gewinnen. Wir können daran Nutzen oder Schaden nehmen. 84

### *Das Loslassen unserer Vorstellungen, Überzeugungen und Wahrheiten*
Unsere Wahrheiten sind nichts anderes als das Ergebnis der Konditionierungen, denen wir bis heute ausgesetzt waren. Wir halten sie für Wahrheiten. Auch das Gegenteil kann richtig sein. 91

### *Das Loslassen unserer Vorstellungen von Gott*
Kein „be"-grenztes menschliches Wesen ist im Besitz der Wahrheit über einen „un"-begrenzten Gott. Alles stammt aus derselben Quelle. Alle Wege führen zum selben Ziel. Toleranz ist angesagt. Wir sind göttliche Ameisen. 103

*Was wir sonst noch alles loslassen sollten*
Das Bild von uns selbst. Das Bild, das wir von anderen Menschen haben. Das Bild von bestimmten Berufs-Gruppen wie z. B. den Heilberufen. Ein Mensch ist so erfolgreich, wie er den Wandel mitmacht. 111

*Loslassen als wichtigste Voraussetzung zur Kreativität*
Eine neue Musik kann nicht geschrieben werden, solange sich die alte Melodie in unserem Kopf dreht. Normalität ist Stillstand. 125

*Hilfreiche Techniken des Loslassens*
Danke für alles, was wir haben durften. Annehmen der Situation als Lernaufgabe. Das Schließen der Konten. Alles, was wir loslassen, lässt auch uns los. 131

*Psychosomatische Erscheinungsbilder unseres Themas „Loslassen"*
Niemand ist zufällig krank oder gesund. Niemand hat zufällig eine bestimmte Krankheit. Niemand wird zufällig wieder gesund.
Beispiele: die Atmungsorgane, Schlafstörungen, Tinnitus, der Verdauungstrakt und das Herzeleid. Krankheit als Druckmittel. 146

# Einführende Gedanken

Was bedeutet eigentlich „Loslassen"?

Nun, zunächst einmal bedeutet es das exakte Gegenteil von „Festhalten". Wir lassen etwas los – oder wir halten etwas fest. Zwischen diesen beiden Polen gibt es keine wirkliche Alternative. Ein bisschen festhalten oder ein bisschen loslassen bedeutet allenfalls eine Zeit der Unentschiedenheit und des Aufschubs. Irgendwann müssen wir dann die Entscheidung zwischen Festhalten oder Loslassen treffen, oder sie wird für uns getroffen. Wir behalten es – oder es entfernt sich von uns.

*Unendlich viel menschliches Leid hat seine Ursache im „Nicht-Loslassen-Können".*

Dieses Problem ist nach meinen täglichen Erfahrungen als Therapeut eine der größten Quellen menschlicher Verstrickungen und Irrwege.

Nun bezieht sich das Thema Loslassen natürlich nicht nur auf materielle Dinge. Unser Haus, unser Boot, unsere Firma oder was immer wir festhalten wollen. Dies wäre zu einfach. Loslassen bezieht sich ebenso auf Menschen und auf immaterielle Dinge wie unser Ansehen, unsere gesellschaftliche oder berufliche Position und auch auf unsere persönlichen Überzeugungen. Loslassen bezieht sich auch auf das Bild, das wir von uns selbst, dieser Welt und unserem Platz in dieser Welt haben. Selbst wenn wir uns tausende Standbilder errichten lassen, wie dies z. B. Stalin, Mao und andere getan haben, bleibt auch davon letztlich nichts übrig.

Unendliches Leid entsteht vor allem dadurch, dass Menschen einander nicht loslassen können. Eltern, die ihre Kinder nicht loslassen können oder wollen, und Kinder, die ihre Eltern nicht loslassen können oder wollen. Ich werde mich später noch ausführlich mit diesem speziellen Punkt beschäftigen, denn die Problematik in diesem Bereich scheint die Problematik aller anderen Bereiche bei weitem zu übertreffen. Zumindest hat diese Verstrickung die elementarsten Auswirkungen auf das gesamte Verhalten eines Menschen

Auch Partner oder Eheleute, die sich gegenseitig das Leben zur Hölle machen und trotzdem einander nicht loslassen können oder wollen, sind keine Seltenheit. „Bis dass der Tod euch scheidet" ist zwar ein großes Wort, aber manchmal wäre es vernünftiger, dies vorher zu tun – dann hätte man noch was davon.

Bei Liebenden, die nicht verstehen wollen, dass der oder die Geliebte nun einen anderen Weg geht, kann Nichtloslassen bis zum blutigen Mord führen. Eifersucht, die sich in solchen Fällen zu unserer Grundproblematik noch hinzuaddiert, ist eines der bekanntesten Mord- und Selbstmordmotive und von Autoren jeglicher Richtung überreichlich strapaziert.

Politische, gesellschaftliche oder religiöse Überzeugungen, die wir nicht loslassen, werden nicht selten zur Quelle dramatischer Auseinandersetzungen bis hin zum Krieg. Ein Blick in die Geschichte und auch in die Gegenwart der Menschheit zeigt uns, was auf diesem Feld alles möglich ist, wobei auch die so genannte Heimat, der wir angeblich für immer fest verbunden bleiben, eine nicht unerhebliche Rolle spielt.

Sie sehen, das Feld des Loslassens oder Festhaltens ist nahezu unbegrenzt. Es beginnt an der Mutterbrust, die wir nicht loslassen wollen, solange wir nicht rundherum satt sind, und endet auf dem Sterbebett, wenn wir spätestens dann nicht umhinkommen, das gesamte Leben loszulassen.

*Wir kommen ohne alles auf diese Welt und werden sie ohne alles wieder verlassen. Aber in der kurzen Zeit, wo wir hier sind,* verhalten wir uns so, als könnten wir alles unverändert behalten.

Wir geben uns die größte Mühe, investieren unsere ganze Kraft in eine Sache oder Angelegenheit, kämpfen, um dies oder jenes zu erreichen, diesen oder jenen Standpunkt zu verteidigen, und schaffen uns dabei in der Regel mehr Leid als Freud.

**Wir tun so, als würde alles „zu uns" gehören, als würden wir darüber bestimmen können. Irrtum. Wenn es wirklich zu uns gehören würde, müssten wir es mitnehmen können, und wenn wir wirklich darüber bestimmen könnten, wären wir wie Gott. Da es aber noch niemandem gelungen ist, etwas mitzunehmen oder dauerhaft zu bestimmen, ist diese Illusion völlig unzutreffend.**

Auch wenn wir tausendmal bekundet haben, dass dies „unsere" Frau, „unsere" Firma, „unser" Haus, „unser" Standpunkt usw. ist. Wir werden nicht umhinkommen, dies alles loszulassen. Die Hoffnung auf so etwas wie eine Ausnahmeregelung wäre vergeblich.

Ich las hier im oberbayerischen Chiemgau, wo ich lebe, an einem Hausgiebel folgenden bedenkenswerten Spruch:

*„Dies Haus ist mein und doch nicht mein.*
*Der vor mir war – s'war auch nicht sein.*
*Er ging hinaus und ich hinein.*
*Nach mir wird's ein anderer sein.*

Aber wenn das Ende, an dem wir wirklich alles loslassen müssen, so präzise vorhersagbar ist wie die Ebbe nach der Flut, warum üben wir uns dann nicht schon vorher in der so wichtigen Disziplin des Loslassens?

**Warum schaffen wir uns durch Festhaltenwollen so unendlich viel Leid, wenn wir am Ende doch alles loslassen müssen?**

*Dies ist doch eines intelligenten Wesens, das der Mensch ja doch sein soll, absolut unwürdig.*

Wäre es nicht absolut erstrebenswert, etwas leichter, spielerischer und damit auch souveräner mit diesem Thema umzugehen? Freiwillig loszulassen, was sich verabschieden will, und uns das durch Festhalten entstehende Leid und auch den damit verbundenen sinnlosen Kraftaufwand zu ersparen?

*In einer Schöpfung, die in dauernder Bewegung ist und in der nichts auch nur eine Sekunde so bleibt, wie es ist, können wir nichts festhalten. Festhalten ist ein völlig unsinniger Versuch.*

Aber es gibt noch einen weiteren sehr wichtigen Gesichtspunkt, der das Festhalten als unsinnig entlarvt. Alles, was wir festhalten, hält auch uns fest. Wenn wir mit beiden Händen einen Apfel umfassen, den wir nicht loslassen wollen, haben wir die Hände nicht frei für den Sack Äpfel, den man uns schenken will. Wir blockieren uns selbst.

*Jedes Festhalten beschränkt unser Potential. Jedes Festhalten bindet uns ebenso, wie wir umgekehrt das Festgehaltene zu binden versuchen.*

Wenn wir uns bei einer Begrüßung gegenseitig die Hand geben und die Hand nicht wieder loslassen, hängen wir ebenso an dieser Hand, wie diese Hand an uns hängt.

Dabei machen wir dann zwangsläufig die Beobachtung, dass der oder die von uns dermaßen Festgehaltene versuchen wird, sich mit aller Kraft zu befreien. Je kräftiger wir festhalten, desto kräftiger werden die Befreiungsversuche der Gegenseite sein. Festhalten löst zwangsläufig die entsprechende Gegenbewegung aus, und die Kraft dieser Gegenbewegung entspricht genau der Kraft, die wir für unser Festhalten aufwenden.

*Also, je mehr wir versuchen etwas festzuhalten, desto mehr wird es seinerseits versuchen, sich von uns zu entfernen. Eine unumstößliche Gesetzmäßigkeit, die auf allen Ebenen wirksam ist.*

Versuchen Sie einmal ein Stück glitschige Seife festzuhalten. Wenn Sie es locker in Ihrer Hand liegen lassen, wird es sich ganz friedlich verhalten. Wenn Sie die Hand aber fest zudrücken, wird es durch den Druck, den Sie erzeugen, an irgendeiner Stelle Ihrer Hand herausschießen. Die Geschwindigkeit, mit der es dann herausschießt, entspricht genau dem Druck, den Sie erzeugt haben.

In die Praxis übersetzt heißt dies: Je mehr wir z. B. versuchen einen Partner festzuhalten, desto mehr provozieren wir damit seinen Rückzug. Durch unser Festhalten lösen wir zwangsläufig seine Gegenbewegung aus. Sie glauben gar nicht, wie oft ich in meinen Beratungen auf dieses Thema stoße. Dies gilt natürlich auch für die Eltern-Kind-Beziehung. Wie oft erleben wir dieses Prinzip, wenn ein Kind an der Hand geführt werden soll und es dann versucht, sich mit aller Gewalt loszureißen.

Sehen wir das Ganze auch noch aus einer anderen Sicht. Ich habe Menschen erlebt, die z. B. so lange an „ihrer" Firma festgehalten und den letzten Cent investiert haben, bis dadurch ihre gesamte Existenz vernichtet war. Sie haben offensichtlich sich selbst mit ihrer Firma verwechselt, konnten nicht rechtzeitig loslassen, was in Wahrheit mit ihrem Selbst nichts zu tun hatte. Eine falsche Ich-Identifikation sozusagen.

Nun sage ich keineswegs, dass es sinnlos ist, schöne Dinge zu besitzen, sich daran zu erfreuen und sie zu mehren, weil wir ja doch einmal alles loslassen müssen. Das wäre ein totales Missverständnis. Ich sage auch nicht, dass es sinnlos wäre, Kinder zu haben, eine tiefe Liebesbeziehung zu pflegen, eine Firma zu haben usw., weil wir das ja doch einmal alles loslassen müssen. Ganz im Gegenteil.

Es ist wesentlich schöner zu besitzen, zu lieben, geliebt zu werden und angesehen zu sein, als von allem zu wenig zu haben. *Aber verwechseln Sie dies alles nicht mit Ihrem „Ich".* Es gehört nicht zu Ihnen.

**Sobald Sie darin Ihr „Ich" sehen, sobald Sie das Gefühl haben, dass dies alles zu Ihnen gehört, gehen Sie zwangsläufig den Weg leidvoller Erfahrungen, in denen Sie dann das Gegenteil erfahren müssen.**

Was eigentlich Ihrer Lebenslust und -freude hätte dienen können, führt auf diesem Weg zu Frust und Leid. Spielen Sie auf dem gesamten Klavier der Fülle der Schöpfung und seien Sie keineswegs bescheiden. Nehmen Sie reichlich und geben Sie reichlich. Lassen Sie fließen, „spielen" Sie damit, aber versuchen Sie nicht das Spielzeug zu behalten. Es bleibt im Spiel, auch wenn Sie das Spiel verlassen.

**Die Bereitschaft, loszulassen, was sich bewegt, loszulassen, was sich wandelt, und dabei zu wissen, dass dies zum Prinzip der sich ständig wandelnden Schöpfung gehört, führt zu einer wunderbaren inneren Freiheit und Souveränität.**

Nichts in dieser Schöpfung bleibt auch nur eine Sekunde so, wie es ist. Auch wir selbst nicht. Wie wollen wir da etwas festhalten?

Interessant ist z. B. zu beobachten, dass zwei Partner, die bereit sind loszulassen – wenn es sich denn so ergeben sollte - und sich dadurch gegenseitig genügend Luft zum Atmen geben, eine viel engere Beziehung leben als Partner, die einander krampfhaft festhalten. Dies gilt wiederum auch für die Eltern-Kind-Beziehung.

*„Ohne dich kann ich nicht leben" – „Dich geb' ich niemals wieder her" – „Du bist mein Ein und Alles" – „Ich lebe nur für meine Kinder" – „Meine Firma ist mein Leben" sind nicht nur*

*tragische Bankrotterklärungen des eigenen Selbst, sie sind auch der unausweichliche Weg ins Leid.*

Die Schöpfung ist beständiger Wandel, ist ständiges Kommen und Gehen, ist ständiges Entstehen und Vergehen, ist ständiges Zueinander- und Auseinanderdriften. Wenn wir uns gegen diesen Wandel stellen, wenn wir festhalten, statt loszulassen, wo es nötig ist, stellen wir uns gegen das Prinzip der Schöpfung, und so fest können wir gar nicht stehen, dass wir dies letztlich auch durchstehen.

Nicht selten reagiert dann unser Körper. Wir werden krank. Der ungeheure Energieaufwand des Festhaltens führt zu Energiemangel an anderen Stellen. Wir schaffen es irgendwann nicht mehr. Unser Immunsystem schaltet auf Sparflamme und unsere Stimmung tendiert zu den grauen Tönen.

Irgendwann führt dann die Verkrampfung des Festhaltens dazu, dass wir z. B. nicht einmal mehr unseren eigenen Stuhlgang loslassen können. Auch den möchten wir dann noch festhalten – unbewusst natürlich. Bewusst möchten wir natürlich das genaue Gegenteil. Aber in solchen Fällen sind die vom Unterbewusstsein ausgelösten Mechanismen stärker als unser Verstand. Mit den Auswirkungen des Festhaltens oder Loslassens auf unser körperliches und psychisches Wohlbefinden werde ich mich im letzen Teil des Buches beschäftigen.

Bleibt bei diesen einführenden Gedanken noch die von mir so geliebte Frage nach dem „Warum". Warum fällt es vielen Menschen so schwer, eine Sache, eine Meinung, ein Bild, das sie von etwas haben, oder auch einen Menschen loszulassen? Dies ist in fast allen Fällen auf einen gravierenden Mangel an Urvertrauen zurückzuführen.

*Urvertrauen heißt, dass ich sicher bin, meinen Platz in dieser Schöpfung zu haben, dass ich weiß, dass für mich gesorgt ist, dass in Wahrheit nichts gegen mich geschieht, auch wenn es zunächst so aussieht, dass das, was ich loslasse, etwas Neuem Platz macht, das wichtiger und richtiger für mich sein muss – oder das Alte wäre geblieben.*

Natürlich kann dieses Urvertrauen, das ich meine, religiös motiviert sein, ist aber im Prinzip von keiner Religion abhängig. Vielmehr ist es eine Grund-Lebenseinstellung.

Wenn ich nicht im Urvertrauen lebe, wenn ich nicht sicher bin, dass das, was sich verabschiedet, Platz für etwas anderes macht, dann muss ich natürlich festhalten. Ich weiß ja nicht, ob ich überhaupt noch jemals etwas bekommen werde. „Was man hat, das hat man."

Ein oft gehörter Satz, der leider völlig unsinnig ist. Man hat es, aber man hat es auch gleichzeitig nicht, weil man es nicht behalten kann. In dieser sich ständig wandelnden Schöpfung, in diesem unendlichen Spiel von Entstehen und Vergehen haben wir in Wahrheit nie etwas.

Das Gefühl des Habens ist immer nur eine Momentaufnahme. Dabei gibt es kürzere und längere Momente, die aber in Anbetracht der Unendlichkeit gleichermaßen unbedeutend sind. Die Schöpfung bleibt nicht stehen, weil es uns gerade an dieser Stelle so gefällt.

Ich hoffe, dass dieses Buch Sie ein Stück jener inneren Ruhe und Gelassenheit näher bringt, die Sie problemlos loslassen lässt, was sich ohnehin verabschiedet, und die Ihnen die Hände frei macht, das Neue zu empfangen.

Aschau im Chiemgau,
Sept. 2005

Matt Galan Abend

# Der menschliche Urtrieb des Sammelns und das Grundbedürfnis nach Anerkennung

Aus seiner Evolutionsgeschichte heraus ist der Mensch ein typisches Herdentier – also das genaue Gegenteil eines Einzelgängers. Nur in der Gemeinschaft mit anderen konnte er überleben. Nur in der Gemeinschaft mit anderen konnte er sich weiter entwickeln und fortpflanzen. Nur in der Gemeinschaft mit anderen konnte er Anerkennung und Bestätigung finden. So, wie er von der Gemeinschaft profitierte, profitierte die Gemeinschaft von ihm. Auf sich alleine gestellt hatte er keine Überlebenschance.

*Diese menschliche Ur-Gemeinschaft funktionierte nach dem Prinzip der Aufgabenteilung und des damit untrennbar verbundenen Prinzips des Gebens und Nehmens.*

Nehmen wir ein recht einfaches Beispiel: Wenn einige schliefen, konnten andere Wache halten. Die, die schliefen, waren also während des Schlafens geschützt. Ein wichtiger Vorteil, den ein Einzelgänger nicht hatte. Er war in seiner unumgänglichen Schlafzeit, die etwa ein Drittel seines 24-Stunden-Rhythmus ausmachte, ungeschützt. Dies konnte sich unter Umständen radikal auf seine Lebenserwartung auswirken. Gefahren lauerten Tag und Nacht.

Ein anderes Beispiel: Gelang es einem Mitglied der Gemeinschaft, ein größeres Stück Wild zu erlegen, so hatten nicht nur er, sondern die gesamte Gemeinschaft etwas davon, und dieser gemeinsame Nutzen lag nicht allein in der Verteilung des Fleisches. Während er auf der Jagd war, schützten die Zurückgebliebenen seine Behausung und seine Nachkommen. Ohne diese Unterstützung hätte er nicht auf die Jagd gehen können, und ohne die Unterstützung des Jagenden hätten die Zurückgebliebenen seine Behausung und Nachkommen nicht schützen können. Jeder war also mit jedem verbunden. Dieses Prinzip der Verbundenheit ist bis heute unverändert gültig. Der einzige Unterschied ist, dass es nicht mehr in der direkten Weise unserer Vorfahren wirksam ist. Unser gesellschaftliches System hat viele Zwischenstationen geschaffen.

Zur Sicherung unseres Lebensunterhalts gehen wir heute nicht mehr auf die Jagd nach Wild, wir jagen etwas ganz anderem hinterher – dem Geld. Lediglich das Objekt der Jagd hat sich gewandelt, das Prinzip des Jagens ist geblieben. Und während einige auf die Jagd nach Geld gehen, ziehen andere deren Kinder groß, kümmern sich um den Haushalt oder genießen ihre wohlverdiente Altersruhe. Sie gehörten früher zu den Jagenden und haben nun das Recht, versorgt zu werden. Alles in Ordnung, solange die Balance dabei erhalten bleibt. Das momentane Problem unserer Gesellschaft besteht darin, dass immer weniger auf der Jagd sind, aber immer mehr versorgt werden müssen, die zu Hause bleiben. Die Jagenden können die zu Hause Gebliebenen nicht mehr ernähren. Die Jagdgründe werden immer spärlicher.

Aber gehen wir zurück zur Urgemeinschaft. Wurde das Prinzip der Aufgabenteilung und des Gebens und Nehmens in der Urgemeinschaft verletzt, kam es zu Streit und Unfriede. Auch daran hat sich nichts geändert. Nahm einer mehr, als er gab, oder nahm er etwas, was ihm nicht zugedacht war, erweckte dies so lange den Zorn und den Neid der anderen, bis die Balance wieder hergestellt war. Diese Auseinandersetzung geschah in direkter Weise von Mann zu Mann.

Auch dieses einfache Grundprinzip der Wiederherstellung der Balance ist bis heute unverändert gültig. Wo es nicht eingehalten wird, ist kein Friede möglich. Denken wir in Deutschland z. B. an den Ausgleich zwischen neuen und alten Bundesländern, den Nord-Süd-Dialog in der Weltgemeinschaft usw.

Das so einfache und gleichzeitig so wirkungsvolle Ur-Prinzip der Verbundenheit und des Ausgleichs hätte durchaus so bleiben können. Es war in sich schlüssig. Aber es blieb ebenso wenig unverändert, wie irgendetwas in der Schöpfung unverändert blieb. In der weiteren Entwicklung des menschliches Zusammenlebens wurde dieses Ur-Prinzip immer mehr ausgehöhlt.

Der Wandel begann damit, dass einige es schafften – an der Gemeinschaft vorbei – etwas anzusammeln, was sie der Gemeinschaft vorenthielten. Hätten sie es – dem Ur-Prinzip folgend – mit der Gemeinschaft geteilt, hätten sie es ja nicht ansammeln können.

Der Wandel des Systems wurde auch dadurch sichtbar, dass man immer neuere und enger gefasste Definitionen der Gemeinschaft kreierte. Wer gehörte dazu und wer nicht? War es lediglich die Familie, die unmittelbare Dorfgemeinschaft oder gar der Stamm? Wo fing die Gemeinschaft, die miteinander verbunden war, an und wo hörte sie auf? Wo musste man etwas abgeben und wo konnte man ruhigen Gewissens behalten?

Die jeweils gültige Definition der Gemeinschaft erfolgte natürlich nie ohne eigenes Vorteilsdenken. Auch daran hat sich bis heute nichts geändert. Die Habenden ziehen die Gemeinschaft so eng wie möglich, um nichts abgeben zu müssen, und die, die nichts haben, dehnen sie so weit wie möglich aus, um eventuell doch noch am Haben teilzunehmen.

Im weiteren Verlauf der Entwicklung hatten dann einige immer mehr und die anderen zwangsläufig immer weniger. Die Ungleichverteilung begann. Wir wollen damit keine moralische Bewertung vornehmen. Es ist gleichgültig, ob die einen eben schlauer oder fleißiger und die anderen halt dümmer oder gar faul waren, ob die Bereicherung rechtens oder unrechtens war. Es geht allein um die Aushöhlung des Ur-Prinzips.

Die, die mehr hatten, konnten auf Grund ihrer besseren Ausgangslage mit der Zeit immer mehr ansammeln. Sie hatten den Vorteil, das Angesammelte nicht aufzehren zu müssen. Die, die weniger hatten, mussten das Wenige aufzehren, konnten nichts ansammeln, blieben auf ihrem alten Stand, und die Habenden sorgten dafür, dass dies auch so blieb.

Nach diesem recht einfachen System entstanden Reich und Arm und untrennbar damit verbunden auch der Grad des Ansehens, den jemand genoss. Der Grad des Ansehens wiederum war eng mit dem Anspruch auf Führerschaft verbunden. Der Habende bestimmte. Der Habende führte. Der Habende hatte die Macht.

Natürlich versuchten die sich in der Mehrzahl befindlichen Habenichtse den Habenden ihren Besitz abzujagen. Der urmenschliche Jagdtrieb blieb unverändert. Aber dies brachte keine grundsätzliche Änderung. Was selbst im Falle eines Obsiegens wechselte, waren lediglich die Namen der Habenden. Auch im Kommunismus und in so genannten Volksherrschaften war und ist dies nicht anders. Wer hat (einschl. Macht), will das, was er hat, nicht loslassen und versucht die, die nichts haben, auf Distanz zu halten. Obwohl schon in dem Moment, wo er es hat, feststeht, dass er es nicht behalten wird.

Wenn ein Versuch zur Umkehr der Besitzverhältnisse scheiterte, waren die Gescheiterten den alten oder neuen Habenden noch mehr auf Gedeih und Verderb ausgeliefert. Die Habenden zogen sie als „Störer der Ordnung" mehr oder weniger aus dem Verkehr. Sie hatten die Macht dazu. Als Beispiel dafür mag die Geschichte des Jesus von Nazaret dienen. Die, die die Macht hatten, die Tempelpriester, zogen ihn, der ihnen zu mächtig wurde und an ihrer Macht rüttelte, wegen Aufruhr aus dem Verkehr. Jesus ist nicht wegen seines Glaubens hingerichtet worden.

Wem diese Darstellung zu einfach ist, der mag sich stattdessen eine hochkomplizierte und hoch wissenschaftlich klingende Version ausdenken. An den hier aufgezeigten Ur-Mechanismen wird sich dabei nichts ändern. Wer schon andere Bücher von mir gelesen hat, kennt meine Neigung zu recht einfachen Darstellungen.

***Was nur sehr kompliziert zu erklären ist, ist meist nicht wahr. Wahrheit ist immer einfach.***

Unsere heutige Gesellschaft funktioniert immer noch nach den gezeigten Abläufen, und dies möchte ich Ihnen auch am Beispiel des Formel-1-Weltmeisters Michael Schumacher verdeutlichen.

Der gesamte Ort Kerpen am Niederrhein – aus dem er meines Wissens stammt – schreit lautstark: „Er ist einer von uns", und fast die gesamte Nation stimmt in solche Töne ein, wenn bei einer Siegerehrung die deutsche Flagge gehisst wird und die Nationalhymne erklingt. Auf diesem Weg versuchen die Nichthabenden am Erfolg des Habenden teilzunehmen. Er wird in die Gemeinschaft einbezogen – er ist einer von uns. Wir sind stolz auf ihn.

Der so Vereinnahmte und Geehrte definiert den Rahmen der Gemeinschaft allerdings ganz anders, wenn es z. B. um das geht, was er materiell angesammelt hat, sein Geld. In dem Fall zieht er es vor, in eine Gemeinschaft zu wechseln, die ihm weniger Teilung abverlangt. Er nimmt seinen Wohnsitz in einem steuergünstigen Kanton der Schweiz und grüßt aus der Ferne. Was aber seine Verehrer keineswegs davon abhält, weiterhin zu behaupten: „Er ist einer von uns." Sie wollen das, was sie vereinnahmt haben und an dem sie gerne teilnehmen – ihren Michael Schumacher – keinesfalls loslassen. Was hätten sie denn sonst?

Da jeder Mensch das Grundbedürfnis nach Einbindung und Anerkennung in seiner Herde hat, versucht natürlich auch jeder etwas Vorzeigbares anzubieten, was ihm die gesuchte Einbindung und Anerkennung schafft. Wenn dazu die eigenen Jagdgründe nichts hergeben, hängt man sich halt an etwas Vorzeigbares an. Ein Fußballverein tut da die gleichen Dienste. Wenn mein Fußballverein deutscher Meister wird, bin auch ich ein Stück deutscher Meister. Aber gehen wir weiter in unserer Betrachtung.

Das recht amüsante Spiel der Profilierung innerhalb der Herde fängt im wahrsten Sinne des Wortes „haut"-nah an. Unserem gesamten Auftritt – Kleidung, Frisur, Schmuck, Körperhaltung, Geruch, Gestik usw. – kommt eine starke Signalwirkung zu. Einer Frau – und bei Männern ist es meist nicht anders – gefällt es durchaus, wenn man ihre wohl berechnete Wirkung mit entsprechender Beachtung honoriert.

Aber auch da gibt es wie überall Ausnahmen. Ich betreue eine etwa zwanzigjährige junge Frau, die man als eine absolute Schönheit bezeichnen konnte. Sie litt allerdings sehr darunter, dass die Männer sie insgeheim mit den Augen auszogen und offensichtlich nur mit ihr ins Bett wollten. So empfand sie es jedenfalls. Sie hätte gerne etwas von ihrer Schönheit abgegeben, wenn sie dafür „normaler" – was immer dies auch sein sollte – hätte leben können.

Dies war nicht das erste Mal, dass ich einem Menschen begegnete, der aus seinem Glück, um das ihn andere beneiden würden, ein Unglück konstruierte. Ich habe sie ganz einfach um Folgendes gebeten: Sie möge sich bitte die umgekehrte Situation vorstellen. Niemand schaut sie an, niemand beachtet sie, niemand zieht sie insgeheim mit den Augen aus, niemand will mit ihr ins Bett, niemand will sich mit ihr unterhalten usw. usw. Diesen Tausch wollte sie dann doch nicht eingehen.

Aber gehen wir zurück zu unserem Thema. Wenn der Auftritt der körperlichen Erscheinung (einschl. Schmuck) zur Erreichung von Anerkennung und Beachtung nicht mehr ausreichend erscheint, wenn der gewünschte Effekt nicht mehr erreicht wird, kommt entsprechendes Zubehör zum Einsatz.

Manchmal reicht dazu ein Hund. Für einige Zeit tat es auch ein Handy. Als Handys keine Prestigeobjekte mehr waren, wurde dieser Mangel zunächst durch individuell gestaltete Handyschalen aufgefangen. Handy ja – aber bitte ein ganz besonderes. Nun geht der Trend zum Fotohandy, und wenn auch dies zur Normalität wird, wird die ungebrochene Profilierungssucht etwas Neues finden. Dafür sorgen dann schon allein die Marketingstrategen der Jagdbesitzer.

All dies dient dem Auftritt des Herdentieres Mensch innerhalb seiner Herde, und die einzelnen Felder, auf denen dieses amüsante Spielchen ausgetragen wird, sind nahezu unerschöpflich. *„Was, Sie spielen nicht Golf? Ein Mann in Ihrer Stellung"*, wurde ich tatsächlich einmal gefragt.

*Wir möchten zur Herde dazugehören, wir möchten in die Herde integriert sein. Aber innerhalb der Herde möchten wir doch bitte etwas ganz Besonderes sein. Eine lebenslange Vollbeschäftigung.*

Es sei denn, ein Mensch hat den nie endenden Kreisverkehr dieses Unfugs durchschaut und bezieht die gesuchte Anerkennung aus sich selbst heraus. Glücklich, wer so weit ist. Was ich in meinem Buch: „Leben Sie, statt zu funktionieren" aufgezeigt habe, sind entscheidende Schritte in diese Richtung.

Wir erlernen die Bedeutung von Auftritt und Zubehör bereits in unseren frühesten Kindheitstagen. Das Spiel beginnt tatsächlich bereits im Kindergarten, wenn wir z. B. mit dem größeren und teureren Auto dort abgeliefert werden. Wenn wir besser gekleidet sind – mit Markenware natürlich –, diese Kinder zu uns einladen dürfen und jene eben nicht.

*Das Statusdenken der Eltern wird auf uns übertragen. Wir dienen dem Status der Eltern. Wir werden zur Bühne, zu deren*

*Befriedigung. Eine ganz besondere Art von Kindesmissbrauch, die leider nirgendwo geahndet wird.*

Dies hat nichts mit der sozialen Schicht zu tun, der unsere Eltern zuzuordnen sind. Das Spiel ist überall gleich. Nur die in diesem Spiel eingesetzten Mittel variieren. Spätestens wenn die ersten Schulzeugnisse anstehen, geben wir unseren Eltern Anlass, stolz auf uns zu sein, oder wir werden zur Quelle tiefer Enttäuschung. Unser Kind – haben wir nicht alles getan? Wie stehen wir jetzt da?

Da aber unser Kind nicht schlechter sein darf als andere, werden alle Hebel gezogen, diesen vermeintlichen Mangel abzuwenden. Nachhilfe, eingeschränkte Freizeit, Belohnung und Bestrafung. Natürlich alles im Interesse des Kindes, wie man uns höchst eindringlich versichert.

Die Sucht nach Anerkennung in der Herde und nach Besonderheit der eigenen Person macht auch – und das mag Ihnen zunächst einmal seltsam vorkommen – vor Krankheit nicht Halt.

Krankheit kann die Befriedigung beider Grundbedürfnisse mit sich bringen. Anerkennung, Geborgenheit und natürlich auch die Besonderheit der eigenen Person. Aber dazu muss dann die Krankheit schon etwas Besonderes sein. Welch ein Glücksgefühl der Einzigartigkeit, wenn auch der Herr Professor sagt, dass er so einen Fall noch nicht gesehen hat. Wir sind also etwas ganz Besonderes. Was bedeutet da schon der übliche Kram der anderen? Wer will denn da noch mitreden können?

Anerkennung und Einbindung in die Herde alleine genügen also nicht. Erst die besondere Art von Anerkennung und Einbindung, unsere Einzigartigkeit also, macht uns erst richtig zufrieden.

*Und wenn wir dann so etwas gefunden haben, wollen wir diesen Beweis der Einzigartigkeit natürlich auch nicht mehr los-*

*lassen. Lieber bleiben wir krank. Wir reden dann auch von „unserer" Krankheit.*

Nun wird mancher Leser sagen, dass dies halt die menschliche Eitelkeit ist und es doch schlimm wäre, wenn uns alles egal wäre. Wenn es uns z.B. egal wäre, wie wir uns kleiden, was aus unseren Kindern wird usw. Sie haben Recht. Das wäre wirklich schlimm. Aber „egal sein" ist nicht das, was ich meine, und den alles entscheidenden Unterschied werden Sie im weiteren Verlauf dieses Kapitels sehr schnell erkennen.

Aber lassen Sie uns den weiteren Lebensweg eines Menschen zunächst noch etwas genauer durchleuchten. Kindergarten und Schule haben wir hinter uns. Es folgen Studium oder Beruf, und in dieser Phase sind dann völlig neue Varianten des altbekannten Spiels zu beobachten.

Die gesuchte Einbindung und Anerkennung unserer Einzigartigkeit erreichen wir nun zu einem gewichtigen Teil durch unsere Zugehörigkeit zu einem ganz bestimmten Teil der Herde. Wir müssen uns also nicht mehr mit (jedem) Hinz und Kunz in unserer Herde messen. Wir sind oder werden Elektroniker, Jurist, Arzt, sind selbständig oder angestellt, in großen oder kleinen Firmen tätig usw. usw. Natürlich sind wir ein besonderer Elektroniker, ein Fach-Anwalt oder Fach-Arzt, und wenn es in unserem Fach noch eine weitere Möglichkeit der Profilierung unserer Einzigartigkeit gibt, dann werden wir auch diese gnadenlos nutzen.

Sind wir mit einem großen Unternehmen, einer Klinik, Universität oder was auch immer verbunden, beziehen wir natürlich eine gewisse Sonderstellung schon alleine aus dieser Tatsache.

*„Darf ich Ihnen Herrn Müller vorstellen?"*
(nichtssagendes, höfliches Interesse des so Angesprochenen)
*„Herr Müller ist einer der führenden Männer in der BMV-Entwicklung."*

(plötzliches Interesse des Angesprochenen:)
*"Ja das ist aber interessant, haben Sie nicht Lust, uns mal zu besuchen?")*

Ein Wandel, der zweierlei Gründe haben kann. Vielleicht kann man von seinem Wissen profitieren, und wenn nicht, kann man zumindest sagen, dass uns Herr Müller, einer der führenden Männer der BMV-Entwicklung, neulich besucht hat. Immerhin etwas, das Eindruck machen kann.

Ich betreue einen etwa siebzigjährigen Mann, der tief depressiv war. Er hatte sich – mit Hilfe seiner Frau – selbst aus einer psychiatrischen Klinik entlassen, in die er nach einem Suizidversuch eingeliefert worden war. Wie in unserem Psychiatriebetrieb leider nicht selten, hatte man ihn mehr oder weniger ruhig gestellt und er dämmerte so vor sich hin. Wirklich gearbeitet hat niemand mit ihm. Dazu fehlten Zeit und Personal. Die dortige Ärzteschaft sparte bei seinem selbstgewählten Abschied natürlich nicht mit entsprechenden Warnungen und düsteren Orakeln. Ich war ihm von einer Ärztin, die ich bei einer Fortbildung kennen gelernt hatte, empfohlen worden, und wie er sagte, war ich nun seine letzte Hoffnung.

Seine Frau wurde von mir voll in die Therapie mit einbezogen. Sie war in allen Sitzungen anwesend und sollte sozusagen mein verlängerter Arm sein. Der therapeutische Weg, den ich einschlug, hatte Erfolg. Schon nach einer Woche waren die ihn umgebenden düsteren Wolken abgezogen, der Schleier lichtete sich und er sah wieder klar.

Ich setzte in solchen Fällen meine eigene Energie ein, um das Energiefeld des Patienten zu klären. Es ist, wie wenn man die Wolken, die einen Berggipfel verhängen, wegbläst und die Sicht wieder frei macht. Nun ging es darum, das Ergebnis zu stabilisieren, und dies ist in der Regel schwieriger als die kurzfristige Änderung des depressiven Zustandes.

Zur Festigung des Ergebnisses war es unumgänglich, die Faktoren, die ihn in die Depression getrieben hatten, zu durchleuchten und zu korrigieren. Die gesuchten Faktoren lagen eindeutig in seiner Persönlichkeitsstruktur. Um es ganz konkret zu sagen, sie lagen in seiner ausgesprochen schwachen und ungefestigten Persönlichkeit. Dabei hatte er großartige Erfolge in seinem Leben vorzuweisen. Er hatte aus dem Nichts eine Einzelhandelskette mit nahezu fünfzig Filialen aufgebaut und dann rechtzeitig und günstig wieder verkauft. Geldmangel konnte der Grund nicht sein. Er besaß mehrere Wohnsitze und konnte sein Leben jederzeit so einrichten, wie er wollte. Not war nirgendwo erkennbar, und trotzdem war sein Leben von tiefer Lebens- und Zukunftsangst geplagt. Was war also der Grund?

Er hatte sich voll und ganz mit seiner Firma identifiziert. Er hatte sein „Ich" mit seiner Firma verwechselt. Selbst wenn er sich jemandem vorstellte, schob er seinem persönlichen Namen immer den Namen seiner Firma hinterher. Ich bin der Klinghard, Sie wissen doch, der ... Klinghard. Als dann die Pünktchen wegfielen, als er die Firma verkauft hatte, stand der Rest ziemlich nackt da. Ein Teil seiner Ich-Identifikation war sozusagen weggebrochen und musste so schnell wie möglich ersetzt werden. Diese Ersatzidentifikation fand er dann in seinem Besitz. Es war unmöglich, ihn länger als eine halbe Stunde zu kennen, ohne von seinen verschiedenen Wohnsitzen zu erfahren. Als dann eine Grundstücksspekulation nicht aufzugehen schien und großer finanzieller Verlust drohte, brachen blanke Zukunftsangst und Selbstzweifel aus.

Solche und ähnliche Gefahren, die mit unserem Grundbedürfnis nach Anerkennung und Einbindung in die Herde verbunden sind, werde ich im weiteren Verlauf des Buches noch an einigen weiteren Beispielen aufzeigen.

Sie wissen inzwischen, um was es geht, und wenn Sie sich selbst umschauen, erleben Sie täglich solche und ähnliche Beispiele. Schauen Sie sich die Balz- und Hackordnung innerhalb einer Firma oder Behörde an. Schauen Sie sich in einem so genannten Vereinsleben um. Schauen Sie sich die politischen Parteien an. Denken Sie auch an das beliebte Spiel mit Titeln, Orden und Ehrenzeichen aller Art.

Achten Sie auch einmal darauf, was Menschen alles tun, um auch noch über ihren Tod hinaus ihren Status und ihr Andenken zu sichern. Sie wollen und können auch dann noch nicht loslassen, und wenn sie dazu einen jährlich nach ihrem Tod auszuspielenden Kegelpreis stiften – wenn's denn zu etwas Größerem nicht reicht.

*Die Mechanismen sind immer und überall die gleichen – im Größten wie im Kleinsten.*

Aber wenn Sie dieses Spiel betrachten, tun Sie es bitte liebevoll. Schmunzeln Sie innerlich, aber erheben Sie sich nicht über andere. Auch Sie haben Ihre Schwachstellen, und auch die sollten Sie liebevoll betrachten und keinen Makel daraus konstruieren. Sie können jederzeit beschließen, daran zu arbeiten und einen anderen Weg zu gehen. Alles ist änderbar – nichts bleibt, wie es ist.

*Wohl dem, der über sich selbst schmunzeln kann.*

# Warum „Loslassen" für die meisten Menschen so schwierig ist

Nun, den Ansatz einer Antwort können Sie natürlich schon den Ausführungen des vorhergehenden Kapitels entnehmen. Es ist allzu verständlich, dass jemand, der seine Anerkennung und Einbindung in die Herde durch irgendetwas gewonnen hat, das mühsam Gewonnene keinesfalls wieder loslassen möchte. Damit würde er ja auch den dadurch erreichten Stand verlieren. Also wird er alle Mittel der Verteidigung einsetzen. Schließlich war es mühsam genug, etwas Vorzeigbares anzusammeln. Gleichgültig, auf welcher Spielwiese auch immer es errungen wurde.

*Trotzdem ist der Versuch des Festhaltens aussichtslos. In einer sich ständig wandelnden Schöpfung können wir nicht einmal das Bild, das wir von uns selbst und der Welt haben, und schon gar nicht das Bild, das andere von uns haben, festhalten.*

Beunruhigt Sie das? Ich denke schon, dass es Sie ein wenig beunruhigt, denn es widerspricht unserem tiefen Bedürfnis nach Sicherheit und Geborgenheit. Eine allzu menschliche Illusion. Unendlich viel Kraft und Energie wird allerorten in völlig sinnlosen Versuchen des Festhaltens verschleudert.

*Wir können weder unsere Kinder festhalten noch unseren Partner festhalten, weder unseren Job noch unsere Wohnung, weder unseren Freundeskreis noch sonst etwas.*

Selbst wenn wir heute der absolute Weltmeister in irgendeiner Disziplin sind, können wir diesen Zustand nicht festhalten. Morgen wird ein anderer dieser Weltmeister sein. Was heute oben ist, wird morgen unten sein und umgekehrt. Nichts bleibt so, wie es ist.

Es steht z. B. nicht einmal fest, dass wir unseren Beruf ein gesamtes Arbeitsleben lang ausführen können. Dies habe ich z. B. am eigenen Leib erfahren dürfen. Meine Eltern waren sehr einfache Leute. Psychologie war für sie absolute Spinnerei, und wie man damit sein Geld verdienen wollte, war ihnen absolut schleierhaft. Man habe doch eh nur mit Verrückten zu tun. Zudem koste eine solche Ausbildung Geld, oder zumindest müssten sie mich noch eine Weile weiter durchfüttern, wozu sie nicht bereit waren.

Ich sollte einen anständigen Beruf erlernen, damit ich eine „Sicherheit im Leben" hatte und so bald wie möglich Geld verdienen konnte. So kam ich dazu, zunächst eine dreijährige Schriftsetzerlehre zu absolvieren, bevor ich dann auf dem zweiten Bildungsweg die Richtung gehen konnte, die ich mir vorgenommen hatte.

Natürlich hatte der Beruf eines Schriftsetzers einen gewissen Wert. Ich konnte damit tagsüber in der Druckerei mein Geld verdienen und abends und am Wochenende studieren. Aber heute gibt es diesen Beruf nicht mehr. Er ist sang- und klanglos verschwunden. Was früher die Arbeit eines Schriftsetzers war, kann heute weitgehend von jeder Sekretärin am Computer erledigt werden, wenn sie nicht gerade versucht mit Tipp-Ex am Bildschirm zu arbeiten. Das, was mir nach Auffassung meiner Eltern eine Sicherheit im Leben geben sollte, war lediglich eine trügerische Sicherheit, die mich drei Jahre sinnloser Ausbildung kostete. Es gibt keine Sicherheit im Leben. Auch wenn wir uns diese noch so sehr wünschen. Gehen wir zurück zu unserem Thema.

*__Loslassen wird immer dann besonders schwierig, wenn wir uns mit etwas identifiziert haben. Wenn wir der höchst trügerischen Ansicht sind, dass dieses Etwas zu uns gehört.__*

Wir haben diese Problematik schon im vorherigen Kapitel berührt. Verzeihung, wenn ich Ihnen die angenehme Illusion, dass etwas zu uns gehört, so hartnäckig rauben muss. Nichts, aber auch rein gar nichts gehört zu uns. Wenn es zu uns gehören würde, müssten wir es ja mitnehmen können. Wir gehen ebenso ohne Zubehör von dieser Welt, wie wir ohne Zubehör auf diese Welt gekommen sind. Gleichgültig, was auch immer wir angesammelt haben. Welch wunderbare Gerechtigkeit!

Dieses „Etwas", mit dem wir uns fälschlicherweise identifizieren, haben wir lediglich eine Weile zur Verfügung. Wir können es zu unserer Freude nutzen, oder wir können uns damit unendlich viel Leid schaffen. Dieses Leid schaffen wir uns mit absoluter Sicherheit immer dann, wenn wir versuchen es festzuhalten. Gleichgültig, ob es sich dabei um Menschen, um materielle Dinge, um einen bestimmten Zustand oder sonst etwas handelt.

Auch dazu möchte ich Ihnen ein Beispiel aus der Praxis nennen: Ein etwa fünfzigjähriger Professor konsultierte mich wegen eines sehr starken Tinnitus-Leidens. Der Tinnitus (Ohrgeräusch) plagte ihn derart, dass er kaum noch Schlaf fand. Er war völlig entnervt, abgemagert und konnte sich kaum noch konzentrieren. Es war ihm nicht mehr möglich, Vorlesungen zu halten und sein Semester zu Ende zu bringen.

Auch die Arbeit an einem Buch-Manuskript, an dem er seit längerer Zeit schrieb, war ihm nicht mehr möglich. Er deutete mir sehr klar an, dass er sich umbringen würde, wenn sich seine Situation nicht entscheidend bessern würde. Die HNO-Ärzte, die er konsultiert hatte, sahen keine Chance, ihm zu helfen. Sie waren damit wenigstens ehrlich, was in diesem Bereich nicht unbedingt üblich ist. Sehr oft wird der Patient zum Versuchskaninchen.

Er saß jammernd vor mir und stellte mir immer wieder die Frage, warum denn gerade er? Was er denn getan habe – warum er denn seine Arbeit nicht fortführen soll? Er hätte doch so hoffnungsvolle Studenten, und sein Buch würde eine Revolution darstellen, wenn es erscheinen würde usw. usw. Er sagte mir, dass es ihm in diesem Buch erstmalig gelungen sei, Gott mathematisch zu erklären.

Er konnte und wollte nicht loslassen. Er konnte und wollte das Bild, das er von sich selbst und seinem Leben hatte, nicht revidieren. Er klammerte sich an jeden Strohhalm. Er wollte nichts aufgeben. Der Tinnitus war sein erklärter Feind, und – wie immer in solchen Fällen – je mehr er diesen Feind bekämpfte, desto lauter und gnadenloser schlug dieser Feind zurück. Mit Kampf ernten wir immer nur Kampf.

*Das hermetische Gesetz von Ursache und Wirkung besagt, dass jede gesetzte Ursache eine Wirkung haben muss und diese Wirkung immer der gesetzten Ursache entspricht. Wo wir Kampf säen, werden wir Kampf ernten.*

Da, wo die Ursachensetzung „Annehmen und Loslassen" absolut nötig gewesen wäre, praktizierte er das genaue Gegenteil. Ein Kampf, den er niemals gewinnen konnte. Annehmen der neuen Situation und Loslassen der alten Lebensumstände wäre die im wahrsten Sinne des Wortes „heilsamere" Variante gewesen. So, wie er dabei zur Ruhe gekommen wäre, hätte sich nach allen Erfahrungen auch der Tinnitus beruhigt. Die gesamte Situation hätte sich entkrampft. So wie er den Tinnitus losgelassen hätte, hätte der Tinnitus ihn losgelassen. Zumindest bestand eine reelle Chance dazu.

Ich weiß nicht, was letztlich aus ihm geworden ist. Er fand meine Ratschläge wohl nicht so gut. Sie entsprachen in keiner Weise seiner Vorstellung, und ich habe nichts mehr von ihm gehört. Wie die meisten Menschen suchte er eine Lösung von außen. Er suchte sie keinesfalls in sich selbst. Bei ihm war ja alles in Ordnung. Wie konnte man ihm nur so etwas antun?

*Es gibt Situationen im Leben, die uns zu einer völligen Neuorientierung zwingen. Wir tun gut daran, sie als Aufgabenstel-*

*lung anzunehmen, uns nicht quer zu stellen und freiwillig loszulassen, was wir ohnehin nicht festhalten können.*

Natürlich fällt uns eine solche Neuorientierung um so schwerer, je mehr wir unser eigenes Ich mit der alten Situation identifiziert haben. So war es im geschilderten Tinnitus-Fall.

„Meine" Professur, „meine" Studenten, „mein" Buch – nichts als Illusionen der eigenen Wichtigkeit und Unersetzlichkeit. Die Uni wird notfalls einen anderen Professor ernennen. Die Studenten werden jemand anderem zuhören oder die Uni wechseln, und es wird andere Bücher geben. Die Schöpfung wird sich völlig unbeeindruckt weiter drehen. Es ist rein gar nichts geschehen, außer dass ein Mensch versucht hat, die Schöpfung in seinem Sinne anzuhalten. „Sinn"-los.

*Jede Ich-Identifikation mit äußeren Dingen oder Umständen führt zwangsläufig zu leidvollen Erfahrungen, da die äußeren Dinge und Umstände sich ständig ändern.*

Wir sind nicht dies oder jenes. Es sind lediglich Rollen, die wir spielen, und wie ein Schauspieler seine Rollen wechselt, werden auch wir unsere Rollen mehrmals wechseln. Dies ist sogar in einem Leben mit einem relativ konventionellen Ablauf der Fall. Es müssen nicht immer Dinge von großer Tragweite geschehen.

Wir werden z. B. in die Kind-Rolle hineingeboren, schlüpfen dann in die Rolle des oder der jugendlichen Geliebten, finden uns plötzlich in der Eltern-Rolle wieder und enden in der Oma- oder Opa-Rolle. Und obwohl dies so scheinbar normal ist, können wir bei vielen Menschen auch in diesen völlig natürlichen Abläufen die Schwierigkeit des Loslassens beobachten. Auch dazu möchte ich Ihnen ein Beispiel nennen.

Eine sechsunddreißigjährige Pädagogin lernte einen Mann kennen, der ernstere Absichten signalisierte. Nachdem sie sich schätzen und lieben gelernt hatten, zog sie zu ihm in das Haus, das er seinerseits angemietet hatte.

Bis zu diesem Zeitpunkt hatte sie ihren Beruf in verschiedenen öffentlichen Einrichtungen und zum Zeitpunkt des Zusammenziehens in einem Internat ausgeübt. In den Einrichtungen wurde ihr jeweils ein möbliertes Zimmer zur Verfügung gestellt, sodass sie selbst nur zwei Löffel, zwei Gabeln, zwei Teller und mehrere Dosen Suppe ihr Eigen nennen musste. Die jeweiligen Kantinen waren der Haupt-Nahrungslieferant. Auch ihre Garderobe war problemlos in einem Schrank von einem Meter Breite unterzubringen. Der Rest befand sich im elterlichen Haus.

Ihr Leben bestand im Prinzip aus den Dienstzeiten, die sie in den genannten Einrichtungen absolvierte, und den regelmäßigen Heimfahrten ins elterliche Haus, das 400 km entfernt lag. Dort hatte sie auch mit sechsunddreißig Jahren noch das Zimmer, das sie als Mädchen bewohnt hatte. Dort war ihr eigentliches Zuhause, dort hatte sie ihren Platz, dort wurde für sie gesorgt, dort war und blieb das Zentrum ihres Lebens.

Ein eigenständiges Leben mit Gründung eines eigenen Hausstandes, vielleicht sogar mit Ehe und Kindern hatte sie versäumt. Sie blieb immer das Kind, das nach Hause und dann wieder zum Dienst fuhr. Vorherige Kontakte mit Männern waren nur auf Distanz möglich. Man besuchte sich gelegentlich oder verreiste gemeinsam.

Ihren bisherigen Lebensrhythmus der ständigen Heimfahrten versuchte sie dann auch in ihrer neuen Beziehung aufrecht zu halten, was auf den Widerstand des Partners stieß. Besonders als sie nach einigen Jahren die Ehe miteinander eingingen, war er der Ansicht, dass der Mittelpunkt ihres Lebens nunmehr ihre Ehe und nicht mehr das elterliche Haus sein müsse. Aber sie konnte nicht loslassen. Sie hatte nie losgelassen. Sie war immer in der Kind-

Rolle geblieben. Im Prinzip war sie bindungsunfähig, denn sie war immer noch gebunden.

Ihr Ehemann wurde für sie immer mehr zum Feind, der ihr das wegnehmen wollte, was ihr Lebens-Mittelpunkt war. Dabei wollte ihr niemand etwas wegnehmen. Im Gegenteil, es kam ja etwas hinzu. Es hätte nur einer Umgestaltung der Prioritätenliste bedurft: 1. Ehe und eigenes Leben und 2. Eltern und deren Leben.

Aber um das, was durch die Ehe hinzu kam, auch anzunehmen, hätte sie die Hände frei haben müssen. Um die Hände frei zu haben, hätte sie das, was sie so lange festgehalten hatte, loslassen müssen. Trotz aller Schwierigkeiten musste dann auch sie letztlich loslassen. Als ihre Mutter starb und der Vater kurze Zeit später von einem Schlaganfall getroffen wurde, wurde dieser Prozess zwangsläufig eingeleitet.

In vielen Fällen können wir sogar noch ein Festhalten über den Tod hinaus beobachten. Der oder die Verstorbene wird z. B. von den Hinterbliebenen nicht losgelassen. Die Grabstätte wird täglich besucht. Mit dem oder der Verstorbenen werden Gespräche geführt. Sie nehmen noch voll am Leben teil, obwohl sie nicht mehr leben. Sie haben noch ihren Platz am Tisch und ihre Kleidung hängt noch im Schrank.

Den Toten tun wir mit solchem Verhalten keinen Gefallen. Wir halten sie auf unserer begrenzten Ebene fest. Wir behindern sie auf ihrem Weg in die unbegrenzte geistige Dimension, die nunmehr wieder ihr Zuhause ist. Es ist, als wenn wir sie an ihren Beinen herunterziehen, wenn sie sich erheben wollen.

Derartiges Verhalten ist z. B. häufig bei Ehepaaren zu beobachten, die ihren Lebensweg bis ins hohe Alter gemeinsam gehen konnten. Für den hinterbliebenen Teil macht das Leben ohne den Partner keinen Sinn mehr. Reduziert auf sich selbst, kommt er mit diesem Leben nicht mehr zurecht, und nicht selten folgt er dann in kurzem Abstand dem verstorbenen Partner. Vielleicht finden Sie dies völlig normal und können sogar Verständnis dafür aufbringen. Aber glauben Sie mir, nichts daran ist normal, und Verständnis habe ich für ein derartiges Verhalten, das nur auf Unwissen beruhen kann, nicht.

Dass wir das Andenken an einen Verstorbenen bewahren und liebevoll an ihn zurückdenken, ist absolut legitim. Aber dass wir in unserem Leben keinen Sinn mehr sehen, weil der Partner gegangen ist, ist für mich eine Sünde gegen das Leben selbst. Etwas ganz Entscheidendes haben wir in einem solchen Fall offensichtlich nicht verstanden.

*Der Sinn unseres Lebens liegt nicht in unseren Kindern, er liegt nicht in unserem Partner, er liegt nicht in unserer Firma, und er liegt nicht in unserer Tätigkeit. Er liegt ausschließlich in uns selbst. „Wir" sind hier, weil „wir" hier etwas zu lernen haben.*

Es ist ein wunderbares Geschenk, für den größten Teil unseres Lebens einen Partner gehabt zu haben. Aber wir können dieses Geschenk nicht behalten. Es gehört nicht zu uns. Es ist kein Teil von uns. Wenn wir das Geschenk zurückgeben müssen, sollten wir uns gleichzeitig dafür bedanken, dass uns selbst noch ein weiteres Stück Leben geschenkt wurde, denn auch dieses Geschenk müssen wir dann irgendwann zurückgeben.

Aber noch leben wir und haben damit die wunderbare Chance, weiter zu lernen. Vielleicht lag im Abschied des Partners auch die Lernaufgabe des Loslassens, die er uns serviert hat. Danken wir ihm dafür und danken wir für unser Leben. Nehmen wir die Lernaufgabe an und jammern wir nicht, dass unser Leben nunmehr keinen Sinn mehr macht.

*Es gibt kein Leben, das keinen Sinn macht. Auch das Leben der Stubenfliege hat einen Sinn. Wir müssen nur die Augen öffnen, diesen Sinn zu erkennen.*

Die Schwierigkeit dabei ist, dass wir unsererseits meist eine klare Vorstellung davon haben, was Sinn macht und was nicht. Also müssen wir zunächst unsere Vorstellung loslassen …loslassen … loslassen …

*Leben heißt Loslassen.*
*Leben ist ständiger Wechsel.*
*Leben ist Entstehen und Vergehen.*
*Leben ist Kommen und Gehen.*

---

*Wenn wir festhalten,*
*nehmen wir dem Leben die Lebendigkeit.*
*Wenn wir festhalten,*
*nehmen wir uns selbst aus dem Leben.*

# Urvertrauen als Lebensbasis

**Im Urvertrauen zu leben bedeutet:**

*1. Zu wissen, dass ich geführt und geschützt werde.*
*2. Zu wissen, dass nichts gegen mich geschieht.*
*3. Zu wissen, dass immer da sein wird, was ich brauche.*
*4. Zu wissen, dass ich am richtigen Platz stehe.*
*5. Zu wissen, dass ich in den Lauf der Schöpfung eingebunden bin.*

**Ohne Urvertrauen zu leben bedeutet:**

*1. Ich kann niemandem vertrauen und muss mich selber schützen. Ich muss alles kontrollieren und absichern.*
*2. Ich muss mich wehren und kämpfen. Alle wollen mir was.*
*3. Ich muss vorsorgen, damit ich nicht mit leeren Händen dastehe.*
*4. Ich bin am falschen Platz. Ich hatte nie eine Chance.*
*5. Alles ist ungerecht. Alles läuft gegen mich.*

Welches Leben wollen „Sie" führen – oder stellen wir die Frage im Hier und Jetzt – welches Leben führen Sie zur Zeit? Ein Leben im Urvertrauen, das Sie in innerer Ruhe und Gelassenheit „zelebrieren", oder ein Leben, in dem Sie täglich in den Kampf ziehen und sich nur auf sich selbst verlassen?

Natürlich werden Sie mir antworten, dass Sie gerne im Urvertrauen leben möchten, ja, dass Sie dies auch ohne meine schlauen Anmerkungen schon immer gewollt haben, aber dass das Schicksal Sie dann leider eines ganz anderen belehrt hat.

Dass z. B. Ihr erster Mann (Frau), dem Sie immer vertraut haben, Sie trotz Ihres Vertauens – ja vielleicht gerade deshalb – nach Strich und Faden betrogen hat. Hätten Sie nur besser kontrolliert! Dass Ihr Geschäftspartner, dem Sie ebenfalls vertraut haben, Sie gleichfalls betrogen hat. Wären Sie nur auch da nicht so dumm gewesen, ihm zu vertrauen. Ja, nicht einmal Ihren eigenen Kindern konnten Sie wirklich vertrauen. Auch die haben Sie in vielen Dingen hintergangen, obwohl Sie doch immer nur deren Bestes wollten. Wie sollten Sie da noch an den Punkt 1 meiner Erklärung von Urvertrauen glauben? Wie sollten Sie bei diesen Erfahrungen glauben, dass nichts gegen Sie geschieht? Ist das etwa alles für Sie geschehen?

Ich nehme solche Einwände, denen ich täglich begegne, sehr ernst. Sie sind gelebte Erfahrungen und scheinen jenen Recht zu geben, die sich nur auf das verlassen, was sie selbst in Händen haben, was sie selbst kontrollieren und absichern können.

Wie soll jemand glauben, dass *immer da sein wird, was er braucht*, wenn er täglich bittere Not leidet? Und dies auch noch völlig unverschuldet – so sieht er es jedenfalls? Wie soll ein solcher Glaube möglich sein? Die Wahrheit zeigt doch täglich, dass leider nicht da ist, was er braucht.

Wie soll jemand daran glauben, dass er *am richtigen Platz steht*, wenn er zusehen muss, wie andere im Wohlstand leben und er selbst in Armut? Wie er erleben muss, dass andere die beste Ausbildung bekommen und er selbst vielleicht nicht einmal richtig lesen und schreiben kann. Wie soll er da glauben, am richtigen Platz zu stehen? Ist da mein Reden vom Urvertrauen nicht eine glatte Zumutung?

Wie soll jemand glauben, dass er *geführt und geschützt wird*, wenn er auch hier täglich das genaue Gegenteil erlebt? Wenn er so etwas wie Führung oder gar Schutz beim besten Willen nicht erkennen kann? Wenn er im Gegenteil immer genau da zu sein scheint, wo es auf ihn niederprasselt?

Wie soll jemand glauben, dass er in den *Lauf der Schöpfung eingebunden* ist, wenn offensichtlich alles gegen ihn läuft? Steht er nun selbst falsch herum, oder läuft die Schöpfung falsch herum? Ist da irgendeine gerechte Ordnung, oder ist da nur Chaos?

Nun, in meinen fünf Punkten zur Erklärung des Urvertrauens habe ich auch nicht von Glauben, sondern von Wissen gesprochen. Aber das macht die Sache ja noch grotesker. Wissen würde ja bedeuten, dass man es so erlebt hat, dass man es aus eigener Erfahrung weiß. Die Einwände aber bedeuten, dass man das genaue Gegenteil erfahren hat und vielleicht immer noch täglich erfährt. Suchen wir also gemeinsam nach einer Auflösung, und dazu muss ich etwas weiter ausholen.

Siegmund Freud (keine Angst, ich will keine psychologische Lehrstunde abhalten) führt in seiner Neurosenlehre auf, dass der Grundstein zum Urvertrauen – und natürlich auch zu seinem Gegenteil – in den ersten sechs bis acht nachgeburtlichen Lebenswochen eines Menschen gelegt wird. Er bezeichnet diesen Zeitraum als die „Intentionalphase".

Ich möchte diesen Zeitraum etwas weiter fassen, denn ich bin der Überzeugung, dass auch schon Erlebnisse im Mutterleib für eine Ausrichtung in diese oder jene Richtung mitverantwortlich sind. Eine Ansicht, die inzwischen auch von aufgeschlossenen Schulmedizinern geteilt wird.

Wurde ein Baby z. B. mit Freuden erwartet, wird es nun geliebt und mit Zärtlichkeiten überhäuft, erlebt es täglich zärtlichen Hautkontakt, Nähe und Geborgenheit, dann entwickelt sich daraus jenes Urvertrauen, das ich in meinen fünf Punkten definiert habe. Es ist unmittelbares Erleben. Alle fünf Punkte meiner Definition sind Wahrheiten und werden als solche bereits in dieser frühen Lebensphase im Unterbewusstsein gespeichert. Diese ersten Speicherungen sind die Basis, auf der alles andere aufbaut.

Wurde ein Baby hingegen eher als lästiges und störendes Übel erwartet, wird es nun zwar korrekt gefüttert, gebadet und eingecremt (man will sich ja nichts vorwerfen lassen), spürt dabei aber keine zärtliche Liebe, Nähe und Geborgenheit, kann sich das geschilderte Urvertrauen nicht entwickeln. Das entsprechende Erleben fehlt. Eine entsprechende Erfahrung kann nicht gespeichert werden. Die Basis des Urvertrauens fehlt.

Das hieße also, dass wir bereits in den ersten Lebenswochen auf das Gleis gesetzt werden, auf dem wir uns dann ein Leben lang fortbewegen. Diesen Schluss, so logisch er auch klingen mag, halte ich selbst für unhaltbar.

*Nach meiner täglichen Erfahrung als Therapeut und Begleiter in vielen Neuanfängen ist es durchaus möglich, das Gleis, auf das wir gesetzt wurden, zu verlassen und eine andere Richtung einzuschlagen.*

Allerdings ist dieser Weg eine weitaus mühsamere Angelegenheit, als wenn uns das Geschenk des Urvertrauens bereits in die Wiege gelegt wurde. Der Weg des späteren Gleiswechsels bedarf einer konsequenten Arbeit an uns selbst, und so etwas zählt bei den meisten Menschen nicht gerade zu den beliebtesten Übungen. Sie arbeiten lieber an anderen.

Welche Techniken beim Gleiswechsel anzuwenden sind und dann letztlich auch zum Erfolg führen, habe ich in meinem Buch „Leben Sie – statt zu funktionieren" ausführlich beschrieben. Auch die Technik der Selbstanalyse. Da ich denselben Inhalt nicht zweimal veröffentlichen kann, muss ich es bei diesem Hinweis belassen.

Zunächst aber möchte ich die Einwände, die ich beispielhaft gegen die fünf Eckpfeiler des Urvertrauens aufgezeigt habe, beantworten. In der Beantwortung werden Sie dann auch sehr leicht die elementaren Fehler entdecken, die diesen Einwänden zugrunde liegen.

## 1. Zu wissen, dass ich geführt und geschützt werde

*Einwand: Vom Ehepartner betrogen, vom Geschäftspartner betrogen und auch von den eigenen Kindern hintergangen. Weder Schutz noch Führung erkennbar.*

Aber wie wäre denn eine Führung erkennbar? Wie oder an was würden wir erkennen können, was gegen uns und was für uns geschieht? Wie und wann könnten wir das feststellen? Was wären die Kriterien für eine solchen Bewertung?

***Eine einigermaßen objektive Bewertung ist immer erst dann möglich, wenn wir einen größeren Zeitraum überblicken können.***

Wenn ich auf mein Leben zurückblicke, waren es immer die schmerzhaftesten Einschnitte, die schmerzhaftesten Erfahrungen und die schmerzhaftesten Verluste, die mich letztendlich weiter gebracht haben, und dieses Weiterkommen geschah zweifellos für mich und nicht gegen mich. Seien Sie ganz sicher, in Ihrem Leben wird und kann das nicht anders sein.

In dem Moment, in dem die Dinge geschahen, spürte ich nur Schmerz, Zorn und Auflehnung. Ich konnte nicht glauben, dass ich geführt und geschützt wurde. Ich konnte nicht glauben, dass das für mich und nicht gegen mich geschah. Ich konnte und wollte die so offensichtliche Ungerechtigkeit des Geschehens nicht annehmen. Ich hatte eine ganz andere Vorstellung von dem, was „für" mich und was „gegen" mich war. Aber diese Vorstellung stimmte offensichtlich nicht mit dem überein, was das Leben mit mir vorhatte. Aber kann es wirklich sein, dass „das Leben" etwas mit uns vorhat?

Ich kann Ihnen nur meine ganz persönliche Meinung dazu sagen. Diese Meinung – oder sagen wir besser Erfahrung – hat nichts mit religiösen Ansichten zu tun. Welchen Glauben jemand hat, ist allein seine Angelegenheit. Ich will mich da nicht einmischen.

Also, ich sehe diese Erde als eine Art Schule an, in der wir eine bestimmte Lernaufgabe zu bewältigen haben. Wie in jeder anderen Schule sind wir dabei nicht ganz alleine gelassen. Auch in der „Schule Erde" gibt es Lehrer und Führer, die uns bei der Bewältigung unserer Lernaufgabe zur Seite stehen. Allerdings agieren diese Lebenslehrer oder -führer aus einer höheren Ebene. Sie sitzen nicht mit uns im selben Klassenraum.

Wir mögen das nun „innere Führung", „geistige Führung", „höhere Führung", „göttliche Führung", „kosmische Führung" oder wie auch immer nennen. Die Bezeichnung spielt keine Rolle, solange wir über das gleiche Prinzip reden.

Diese Führung versucht uns immer wieder auf den für uns richtigen Weg zu setzen, und sie versucht ebenso Irrwege, die wir einschlagen, abzubrechen. Sie verhindert auch, dass wir es uns allzu bequem machen oder gar versuchen die Schule zu schwänzen.

Richtig ist bei dieser Führung allein das, was uns dem Verständnis und der Lösung unserer Lernaufgabe näher bringt, und das stimmt nun leider nicht immer mit dem überein, was wir als Schüler gerne hätten. Natürlich hätten wir lieber Ferien statt Unterricht. Natürlich würden wir die Mathearbeit lieber schwänzen, statt hinzugehen.

*Wenn wir das Vorhandensein einer solchen Führung akzeptieren, leben wir bereits im Urvertrauen. Halten wir alles im Leben für einen Zufall, ist so etwas wie Urvertrauen gar nicht erst möglich. Auf was sollten wir dann vertrauen? Auf die mathematische Wahrscheinlichkeit etwa?*

Die Anerkennung einer Führung ist allerdings keine Aufforderung, uns bequem zurückzulehnen und alles der Führung zu überlassen. Wir sind selbst gefordert. „*Wir*" sind hier, weil „*wir*" hier etwas zu lernen haben.

Allerdings können wir bei unseren Umtrieben um entsprechende Führung bitten. Und seien Sie ganz sicher, sie wird uns gewährt, und wir können uns dadurch manch schmerzvolle Erfahrung ersparen. Das einzige Problem dabei ist, dass wir dieser Führung – selbst wenn wir darum bitten – meist besserwissend im Wege stehen, endlos lamentieren und unser Leid beklagen. Schließlich wissen wir ja selbst am besten, was für uns richtig ist. Aber woher wollen wir das eigentlich wissen?

Aber gehen wir zu unseren Beispielen zurück. Was bedeutet es nun, vom Mann und Geschäftspartner betrogen, von den eigenen Kindern hintergangen worden zu sein? War dies nun für oder gegen uns?

Vielleicht stellt sich die zunächst schmerzhafte Erfahrung, betrogen worden zu sein, im Nachhinein als ausgesprochener Glücksfall heraus. Erst durch den Betrug wurden uns die Augen geöffnet. Erst dadurch wurde erkannt, was vorher unerkannt war. Vielleicht wollten wir es auch gar nicht wahrhaben. Wir hatten uns selber eingelullt, lebten sozusagen in einer Täuschung und wurden nun „ent"-täuscht. Schmerzhaft, aber durchaus heilsam und zu unserem eigenen Nutzen. Vielleicht wurde auch erst durch den Betrug der Weg frei für eine wesentlich fruchtbarere Partnerschaft? Das eine wurde uns genommen, und etwas wesentlich Sinnvolleres wurde uns dafür geschenkt.

Was heißt, von den eigenen Kindern hintergangen worden zu sein? Der Fehler liegt bereits in der Definition „eigene" Kinder. Kinder sind kein Eigentum. Kinder sind selbständige Geschöpfe, die ihren eigenen Weg zu gehen haben. Vielleicht fühlen wir uns durch deren eigenen Weg manchmal hintergangen. Dies hat dann allein etwas mit unserer Vorstellung zu tun, wie unsere Kinder zu sein haben. Diese Vorstellung muss sich aber nicht unbedingt mit dem decken, was der Lernaufgabe unserer Kinder entspricht und was auf ihrem Weg richtig ist. Sie haben ihre eigene Führung. Wenn wir schon in unseren eigenen Belangen alles besser wissen, sollten wir uns zumindest in den Belangen unserer Kinder etwas zurückhalten.

Gehen wir weiter: **2. Zu wissen, dass nichts gegen mich geschieht.**

*Einwand: Wie kann es für mich sein, wenn ich schmerzhafte Verluste hinnehmen muss und dergleichen?*

Ob etwas schmerzhaft oder weniger schmerzhaft ist, ist zunächst einmal keinerlei Indiz dafür, ob es für oder gegen uns geschieht. Natürlich ist es unser menschliches Bestreben, Schmerz zu vermeiden. Und so sind wir allzu schnell bereit, etwas, was uns trotz unserer Schmerzvermeidungsstrategie Schmerz bereitet, als gegen uns gerichtet zu bewerten. Schließlich wollten wir es ja nicht. Wie kann es dann gut für uns sein?

***Es kommt in der Schule Erde nicht auf das an, was wir als angenehm für uns betrachten. Es kommt allein darauf an, was uns weiter bringt.***

Wenn wir eine schmerzhafte Erfahrung machen müssen, haben wir es in der Regel versäumt, den schmerzfreien Weg des freiwilligen Erkennens zu beschreiten. Unser Lernstoff war uns offensichtlich nicht anders nahe zu bringen. Wir hätten uns wohl weiterhin davor gedrückt. Dies gilt übrigens auch für Krankheiten, die uns treffen. Sie treffen uns nicht zufällig. Es gibt keinen Zufall in der Schöpfung, oder das Universum würde zusammenbrechen.

**3. „Zu wissen, dass immer da sein wird, was ich brauche".**

*Einwand: Wie kann ich so etwas glauben, wenn ich täglich erleben muss, dass nun mal leider keineswegs da ist, was ich brauche.*

Verzeihung, was brauchen Sie denn? Sicher hätten Sie so manches gerne oder hätten gern etwas mehr davon. Das kann ich verstehen. Aber brauchen Sie es wirklich oder meinen Sie nur, es zu brauchen? Seien Sie ganz sicher:

*Was zur Erfüllung Ihrer Lernaufgabe notwendig ist, wird immer da sein. Wenn es nicht da ist, brauchen Sie es auch nicht, oder es wäre da.*

Vielleicht ist es gerade für die Erfüllung Ihrer Lernaufgabe notwendig, dass es nicht da ist. Sehen Sie, wenn Sie das akzeptieren, leben Sie im Urvertrauen.

Oft tritt schon durch die bloße Umschaltung vom Beklagen zum Annehmen (Annehmen als Aufgabenstellung) eine völlige Änderung der Situation ein. Sie haben dann verstanden. Die Mittel, die von unserer Führung zur Wegkorrektur eingesetzt wurden, können wieder zurückgezogen werden. Sie machen nun keinen Sinn mehr.

**4. Zu wissen, dass ich am richtigen Platz stehe.**

*Einwand: Wie kann ich am richtigen Platz stehen, wenn andere im Wohlstand leben und ich in Armut? Wenn andere die beste Ausbildung bekommen und ich nicht einmal richtig lesen und schreiben kann?*

Die bittere Armut ist nur dann ein Hindernis, wenn Sie sie als Schicksal „hin"-nehmen und nicht als Aufgabenstellung „an"-nehmen. Armut kann eine Startposition sein, aus der heraus Sie Großartiges schaffen können. Glauben Sie etwa, dass z. B. Mutter Teresa reich auf die Welt kam oder in Harvard studierte? Ganz im Gegenteil. Also vergessen Sie Ihr Alibi. Die berühmten Geschichten „vom Zeitungsjungen zum Milliardär" usw. will ich Ihnen gar nicht erst auftischen. Sie sind allgemein bekannt.

*Sie stehen am richtigen Platz, oder Sie ständen nicht da. Es gibt keinen falschen Platz.*

Was es allerdings gibt, sind Menschen, die mit ihrem Allerwertesten auf einem Platz festkleben und sich nicht bewegen. Wenn sie das lange genug tun, wird es für sie zur Wahrheit, dass sie sich nicht bewegen können, und erst dadurch entsteht das eigentliche Problem. Eine Wahrheit, die zwar lähmt, aber keine Wahrheit ist.

**5. Zu wissen, dass ich in den Lauf der Schöpfung eingebunden bin.**

*Einwand: Wie kann ich in den Lauf der Schöpfung eingebunden sein, wenn alles an mir vorbei läuft? Stehe ich falsch herum oder läuft die Schöpfung falsch?*

Also ganz sicher, in der Schöpfung läuft absolut nichts falsch. Der Fehler liegt allein bei Ihnen, und dazu möchte ich Ihnen folgende Erklärung geben. Wir reden vom „Lauf der Schöpfung". Schon allein aus dieser Formulierung ergibt sich, dass Schöpfung mit Bewegung gleichzusetzen ist. Wenn Sie diese Bewegung mitmachen, sind Sie eingebunden in den Lauf der Schöpfung. Wenn Sie unbeweglich auf einem Standpunkt verharren, läuft die Schöpfung an Ihnen vorbei. Allerdings werden Sie Ihren Standpunkt nicht lange behaupten können. Die Schöpfung wird Sie mit der Zeit hinwegspülen. Sie können sich nicht dagegen stemmen. Wenn Sie dieses Prinzip erkennen, wenn Sie beweglich werden, aus Ihrer Erstarrung erwachen, nichts mehr festhalten, auch Ihren Standpunkt nicht, und stattdessen loslassen, sind Sie in den Lauf der Schöpfung eingebunden. Worüber sollten Sie sich dann noch Sorgen machen?

Den Standpunkt loslassen heißt allerdings nicht, dass Sie nun meinungslos sind und sich wie ein Fähnchen nach dem Winde drehen. Vertreten Sie ruhig Ihren Standpunkt, aber beharren Sie nicht darauf. Ihr Standpunkt ist das Ergebnis Ihrer bisherigen Erfahrungen. Hätten Sie andere Erfahrungen gemacht, hätten Sie einen anderen Standpunkt.

Was wäre z. B., wenn Sie als Baby vertauscht worden und bei ganz anderen Eltern, unter ganz anderen Umständen aufgewachsen wären? Mit Sicherheit weiß ich nur eines: Sie hätten heute einen anderen Standpunkt. Standpunkte sind immer nur relative Wahrheiten.

# Leben in der Fülle der Schöpfung

*Wenn Sie von sich sagen müssen, dass Sie nun mal leider nicht in der Fülle der Schöpfung leben, machen „Sie" etwas falsch – nicht die Schöpfung.*

Lassen Sie uns also zunächst überlegen und analysieren, was Sie falsch machen könnten, denn ich gehe davon aus, dass Sie doch gerne in der Fülle der Schöpfung leben würden.

In jedem Fall wäre zunächst einmal zu definieren, wie denn ein Leben in der Fülle der Schöpfung „für Sie" aussehen würde. Ihre ganz persönliche Definition der Fülle ist gefragt. Wann glauben Sie, diesen Zustand erreicht zu haben? Ist ein solcher Zustand überhaupt erreichbar? Wie oder woran würden Sie ihn erkennen?

Ich stelle diese Fragen sehr oft, wenn ich ein Coaching oder eine therapeutische Zusammenarbeit beginne, und glauben Sie mir, noch nie habe ich auch nur zwei annähernd gleiche Definitionen gehört. Was ich höre, sind in der Regel lange Ausführungen über das, was z. Zt. alles unbefriedigend ist. Was alles nicht stimmt und sich dringend ändern müsste, damit überhaupt usw.

Die Lebensumstände, der Partner, die Familie, die berufliche oder finanzielle Situation, die gesundheitliche Situation, die Leute in der Firma, der Nachbar, das Klima usw. usw. Ja, im Prinzip müsste sich sogar Gott ändern, denn auch dem wird meist eine gewisse Mitverantwortung für die eigenen Lebensumstände zugeschrieben. Vielleicht würde auch Ihr Statement ähnlich ausfallen.

Aber Verzeihung, ich hatte nicht danach gefragt, was Sie „nicht" wollen oder wer oder was sich alles ändern müsste. Meine Frage galt allein dem, was Sie wollen. Ich wollte wissen, wie „für

Sie" die Fülle der Schöpfung aussieht. Ich wollte nicht wissen, wie sie „nicht" aussieht.

*Es geht nicht ums Abschaffen. Schöpfung ist nicht „Ab"-schaffen, sondern „Er"-schaffen.*

Wenn Sie Ihre geistige Energie auf das richten, was Sie nicht wollen, ist es so, als wenn Sie den Strahl Ihrer Gießkanne auf ein Unkraut richten und dabei die Pflanze, die Sie eigentlich wachsen lassen möchten, vertrocknen lassen.

Wenn Sie die Fülle der Schöpfung erreichen wollen, müssen Sie die Ursachen dazu schon in die richtige Richtung setzen. Sie müssen sagen, was Sie wollen, nicht, was Sie nicht wollen.

*Das, worauf wir unsere geistige Energie richten, das wächst.*

Ein schöpferischer Prozess, der allein in Ihnen abläuft. Geist erschafft die Materie – nicht umgekehrt. Im Außen fehlt es der Schöpfung an rein gar nichts. Alles ist reichlich vorhanden. Sogar Geld steht im Übermaß zur Verfügung. Wenn es ausgerechnet Sie nicht erreicht, machen „Sie" etwas falsch.

Womit waren Sie in den letzten vierundzwanzig Stunden hauptsächlich beschäftigt? Wenn Sie z. B. vorwiegend mit der Verwaltung von Mangel beschäftigt waren, kann daraus keine Fülle entstehen. Wie sollte das gehen? Gleichgültig, worin dieser Mangel bestand. In Gefühlen, in Freude, in Anerkennung, in Materie oder was auch immer. Mangel zieht Mangel an. Sie bewegen sich sozusagen im falschen Energiefeld. Für die Fülle bleiben Sie unerreichbar.

Nun werden Sie womöglich sagen, dass Ihnen gar nichts anderes übrig bleibt, als den Mangel höchst sorgsam zu verwalten. Es reicht nun mal vorne und hinten nicht und gerade in einer solchen Situation müssen Sie ja ... Natürlich müssen Sie. Aber entscheidend ist, in welchem Bewusstsein Sie dies tun. Betreiben Sie Ihre Mangelverwaltung im Bewusstsein der Armut oder im Bewusstsein des Reichtums? Sehen Sie den Mangel lediglich als vorübergehendes Problem, wissen sich aber innerlich mit der Fülle verbunden, oder sehen Sie Ihren angestammten Platz in der Mangelverwaltung?

*Der Weg in die Fülle der Schöpfung kommt nicht von außen, er kommt von innen. Sie können das Außen nicht ändern. Sie können nur sich selbst und Ihre Einstellungen ändern, und mit der Änderung Ihrer Einstellung ändert sich dann auch das Außen.*

Der Hermetische Lehrsatz heißt: „Wie innen – so außen." Man kann dieses Prinzip nicht umdrehen. Wie außen – so innen funktioniert nun einmal nicht.

Sie müssen das loslassen, Sie müssen das umwandeln, mit dem Sie sich bisher von der Fülle der Schöpfung ausgeschlossen haben. Sie müssen von nun an die richtigen Ursachen setzen. Bisher haben Sie offensichtlich die falschen Ursachen gesetzt, oder sie würden bereits in der Fülle der Schöpfung leben. „Was Ihr sät, werdet ihr ernten." Ein sehr einfaches Prinzip.

An einer Stelle der christlichen Bibel heißt es: „An ihren Früchten werdet ihr sie erkennen." Dasselbe Prinzip. Für die Frucht, die wir geerntet haben, müssen wir selbst den Samen gesät haben, oder wir könnten die Frucht nicht ernten.

Manche haben sich auf diesem Weg z. B. eine zentnerschwere Leibesfrucht zugelegt. Die Schwerfälligkeit, Schwammigkeit und Haltlosigkeit in ihrem Inneren führte zu einer gleichartigen Frucht im Äußeren. Sie betrachten die Welt aus einer Burg aus Fett und Wasser. Ihre Körper sind schwerfällig und fühlen sich weich und schwammig an. Sozusagen eine Abart der Fülle der Schöpfung.

Aber wie geschieht nun die richtige Ursachensetzung? Wie streue ich den richtigen Samen aus?

*Die Ursachensetzung zur Teilnahme an der Fülle der Schöpfung geschieht allein auf der geistigen Ebene. Alle Ursachen zur Schöpfung sind geistiger Natur. Geist steht über Materie. Geist schafft Materie.*

Ganz einfach übersetzt heißt dies: Alles, was sich in Gedanken und Bildern ständig in unserem Kopf dreht, das kann auch geschehen. Alles, was wir uns nicht einmal vorstellen können, was sozusagen nicht in unserem Programm enthalten ist, kann auch nicht geschehen. Stellen Sie sich vor, dass jeder Gedanke, jedes Bild, das sich vor Ihrem geistigen Auge bewegt, wie ein Bestellschein wirkt, den Sie an ein Versandhaus schicken. Von dort wird man Ihnen genau das liefern, was Sie bestellt haben. Reklamationen sinnlos.

Wenn Sie sich z. B. selbst zu den so genannten kleinen Leuten zählen, die ja schon zufrieden sind, wenn ..., werden Sie Ihren selbstgewählten Platz auch behalten. Nun werden Sie einwenden, dass Sie diesen Platz ja keineswegs selbst gewählt haben, ja dass Sie gar nicht wählen konnten. Ihre Eltern, Ihre Bildung usw. usw. Richtig.

*Aber dann wird es doch spätestens jetzt Zeit, dass Sie etwas anderes wählen. Wer oder was hindert Sie denn jetzt noch?*

Wenn man Ihnen z. B. ein Geschenk macht und Sie den tausendmal gehörten Satz „Das wäre aber nicht notwendig gewesen" herunterleiern, dann ist auch dies im Sinne der Schöpfung eine Ursachensetzung. Die Schöpfungsmechanismen registrieren, dass bei Ihnen nichts notwendig ist. Warum wundern Sie sich dann? Die Fülle der Schöpfung müssen Sie schon deutlich beanspruchen. Es ist Ihr göttliches Erbe.

Als vor ca. zwei Jahren meine Schwiegermutter, eine mehr als bescheidene Frau, beerdigt wurde und ca. 150 Personen anwesend waren (sie lebte 50 Jahre in einer dorfähnlichen Gemeinschaft, in der jeder jeden kannte), flüsterte mir meine Frau Folgendes zu: „Wenn sie das sehen könnte, würde sie sicher sagen: *„So viel Leut für mi, des wär doch net nötig g'wese."* Und genau so war ihr Leben. Nur nicht auffallen, nur dass keiner was sagt. Immer schön bescheiden, immer hinten stehen.

Glauben Sie mir, ich weiß, wovon ich rede. Ich kenne diese Art von Begrenzungen. Mein Großvater war Melker auf einem Bauernhof, ein Knecht also. Mein Vater war ein ungelernter Fabrikarbeiter, und bei uns zu Hause wurde nur Mundart gesprochen. Dass ich – im Gegensatz zu meinem Vater – zunächst einen handwerklichen Beruf erlernen durfte, war eine Gnade meiner Eltern, was sie mich oft genug fühlen ließen. Mein Weg war eigentlich vorgezeichnet. Die Enge programmiert.

Aber „ich" habe einen anderen Weg gewählt. „Ich" bin meinen eigenen Weg gegangen, und nichts und niemand hat mich dabei aufhalten können. Ich selbst habe meine Programmierung geändert, und, glauben Sie mir, Sie können das genauso wie ich. Im Prinzip ist nichts unmöglich, es sei denn, wir halten es für unmöglich.

***Wenn Sie heute als Lehrling bei BMW anfangen und sich nicht vorstellen können, eines Tages Vorsitzender des Vorstandes zu sein, werden Sie dies auch niemals werden.***

Nun wird nicht jeder, der sich so etwas vorstellen kann, auch gleich zum Vorstand berufen. Erstens brauchen die immer nur einen einzigen Vorsitzenden, und zweitens gehört schon etwas mehr dazu als die bloße Vorstellung. Aber die Vorstellung, dass Sie es werden könnten, macht den Weg dorthin erst möglich. Mit der Nichtvorstellung jedoch schließen Sie diesen Weg aus.

Um ein wenig Ordnung in Ihre Schöpfung und in Ihre Ursachensetzungen zum Erreichen der Fülle der Schöpfung zu bringen, bitte ich Sie, sich folgender Mühe zu unterziehen.

Bitte nehmen Sie ein Blatt Papier und schreiben Sie in kurzen Punkten auf, wie Ihre ganz persönliche Fülle der Schöpfung aussehen würde. Fühlen Sie sich dabei durch nichts eingeschränkt. Ihre augenblickliche Situation spielt keine Rolle. Denken Sie daran: Alles, was Sie sich nicht vorstellen können, kann auch nicht eintreten. Alles, was Sie sich vorstellen können, macht zumindest den Weg dorthin möglich, und jeder Weg beginnt mit dem ersten Schritt.

Der erste Schritt in die richtige Richtung ist entscheidend. Wenn schon der erste Schritt das Ziel ausschließt, werden Sie es nie erreichen. Schreiben Sie Ihre Kernsätze in einer Form, als wenn der angestrebte Zustand bereits eingetreten wäre. Dies hat mehr Kraft als Ursachensetzung.

Ich denke, dass ungefähr Folgendes bei Ihren Überlegungen herauskommt, wenn Sie auch vielleicht die Reihenfolge anders vorgenommen hätten. Mein Punkt 1 würde vermutlich erst am Ende Ihrer Liste stehen oder gänzlich fehlen. Dies würden Sie wohl damit begründen, dass Sie sich erst dann auf jeden Tag Ihres Lebens freuen können, wenn Sie vollkommen gesund sind, keine Probleme mehr haben usw. Sehen Sie, Ihr erster großer Irrtum.

Gesundheit ist die Folge der Freude an Ihrem Leben – nicht umgekehrt. Ohne Freude und positive Lebenseinstellung werden Sie auf Dauer weder gesund noch erfolgreich sein können. Die Kraft und Gesundheit ihrer Psyche überträgt sich auf die Materie Ihres Körpers. Geist steht über Materie. Also:

*1. Ich freue mich auf jeden Tag meines Lebens.*
*2. Ich bin vollkommen gesund.*
*3. Ich werde gemocht und anerkannt.*
*4. Ich lebe in einer erfüllten Partnerschaft.*

Wenn Sie dem noch etwas hinzuzufügen haben, tun Sie es bitte. Aber wenn Sie es tun, muss es wirklich Sinn machen und sollte nicht schon indirekt in meinen vier Punkten enthalten sein. Es macht auch keinen Sinn, etwas einzufügen, was andere betrifft. Es geht ausschließlich um Sie. „Oma ist wieder gesund geworden" gehört hier nicht hin – auch wenn Ihnen Oma noch so sehr am Herzen liegen sollte und Oma das ja auch selbst gerne so hätte.

Sie können Schöpfung für sich betreiben, dazu haben Sie das Recht. Aber Sie können und dürfen dies nicht für andere tun. Dazu haben Sie kein Recht, selbst wenn Sie es doch nur gut meinen. Das, was Sie gut meinen, kann für den Betreffenden genau das Falsche sein. Spielen Sie nicht Führung. Ihnen fehlt die dazu notwendige Übersicht.

Selbst wenn ich in meinem Beruf versuche einen Menschen zu heilen, bitte ich vorher seine geistige Führung um Genehmigung dazu. Ich bitte darum, die Heilung zuzulassen, wenn dies für den Betreffenden so richtig ist, das heißt, wenn er das, was die Krankheit ihm zu sagen hatte, erkannt hat, wenn er die Lehre daraus gezogen hat.

Also schauen wir meine vier Punkte einmal etwas genauer an. Die zentrale Bedeutung des ersten Punktes habe ich bereits angedeutet.

*1. Ich freue mich auf jeden Tag meines Lebens.*

**Mangelnde Lebensfreude ist nicht die Folge der Lebensumstände. In der Regel sind die Lebensumstände die Folge mangelnder Lebensfreude.**

Wir können unter ärmlichsten Bedingungen ein glücklicher und unter wohlhabendsten Bedingungen ein unglücklicher Mensch sein. Wie bequem ist doch das Alibi vieler Menschen, dass die Umstände, in denen sie leben, so etwas wie Lebensfreude gar nicht erst aufkommen lassen. Dieses Argument habe ich von Menschen aller sozialen Schichten, von Reich und Arm, von

Gesunden und Kranken, von Bekannten und Unbekannten, von Verheirateten und Unverheirateten gehört. Schon allein deshalb kann eine solche Behauptung nicht stimmen. Die Bewertung der eigenen Lebensumstände ist leider immer nur subjektiv.

Der häufigste Fehler, der bei der Bewertung der eigenen Lebensumstände gemacht wird, ist folgender: Wir beklagen alles, was wir nicht haben, sehen aber alles, was wir haben, als ganz selbstverständlich an. Nichts ist selbstverständlich. Nicht einmal unser Leben.

Es gibt einen Menschen, den ich zutiefst bewundere: den Sänger Thomas Quasthoff. Wenn er jemals das zum Maßstab genommen hätte, was er nicht hat, z. B. keine Arme, wenn er jemals seinen contergangeschädigten Körper zum Maßstab genommen hätte, wenn er jemals ausgeschlossen hätte, dass er mit diesem Körper auf einer renommierten Opernbühne würde auftreten können, wäre er zum Sozialfall geworden. Aber er hat zum Maßstab genommen, was er hatte, nicht das, was er nicht hatte. Seine begnadete Stimme macht ihn heute zu einem gefeierten Künstler. Aber nicht allein seine Stimme hat ihn dazu gemacht – „er" hat sich dazu gemacht.

Der finanziell wohlhabendste Mensch, den ich je betreut habe, verfügte über 4,7 Milliarden Euro und beklagte die Last dieses Umstandes. Er beklagte die damit verbundenen Sorgen um den Erhalt des Vermögens, seine Verantwortung für die anderen Familienmitglieder, die Verantwortung für die Mitarbeiter in den vielen Firmen und Besitzungen des Imperiums und war der Ansicht, dass bei einer solchen Last und Verantwortung für so etwas wie Lebensfreude für ihn selbst leider kein Platz sei. Er war in einer ihm antrainierten Rolle und einem festgefahrenen Denken verhaftet, das er nicht loslassen konnte. Er kam zusammen mit seiner Lebenspartnerin zu mir, die sehr unter seiner emotionalen Kälte litt und vor der Entscheidung stand, die Partnerschaft zu beenden oder nicht.

Der finanziell bedürftigste Mensch, den ich je betreut habe, lebte von einer Rente, die zu viel zum Sterben und zu wenig zum Leben bedeutete. Trotzdem engagierte er sich im sozialen Bereich und betätigte sich als ehrenamtlicher Bewährungshelfer bei jugendlichen Straftätern. Eine Aufgabe, bei der er für seine Schutzbefohlenen Tag und Nacht erreichbar war. Er hatte eine Riesenfreude, wenn er einen Jugendlichen wieder auf den rechten Weg gebracht hatte, und konnte sich ebenso über ein paar Prospekte oder Bücher freuen, die ich ihm zur Weitergabe überlassen konnte. Er war ein absolut positiver Mensch. Seine positive Einstellung färbte auf seine Schutzbefohlenen ab und kam wieder zu ihm zurück. Bei ihm floss die Energie des Gebens und Nehmens.

*Wer lebte nach Ihrer Auffassung eher in der Fülle der Schöpfung – mein Milliardär oder mein Bewährungshelfer?*

Wenn Sie die Fülle der Schöpfung mit materieller Fülle gleichsetzen, können Sie sich natürlich nur für den Milliardär entscheiden. Wenn Sie jedoch die Fülle der Schöpfung umfassender sehen, wenn Sie der emotionalen und geistigen Fülle denselben Stellenwert einräumen wie der materiellen Fülle, dann können Sie sich nur für meinen Bewährungshelfer entscheiden. Mein Milliardär war zwar reich, aber gleichzeitig auch unendlich arm. Man hatte ihn alles gelehrt, er hatte die besten und teuersten Schulen besucht, nur „leben" hatte man ihn nicht gelehrt. So etwas verstehe ich nicht unter der „Fülle der Schöpfung".

Trotzdem hätte ich gerne mit ihm getauscht, was ich ihm übrigens auch angeboten habe. Leider ist er nicht darauf eingegangen. Ich wäre völlig anders mit den von ihm beklagten Lebensumständen umgegangen. Ich hätte sie als eine Energie genutzt, mit der ich vieles in Bewegung gesetzt hätte, was letztlich auch wieder zu mir zurückgeflossen wäre. Ich hätte ganz einfach das Urprinzip des Gebens und Nehmens wirken lassen. In dieser Hinsicht war mein Bewährungshelfer als ganzes Stück weiter als mein Milliardär.

*Sich auf jeden Tag seines Lebens zu freuen ist von äußeren Lebensumständen unabhängig. Es ist allein von unserer Einstellung zu diesen Umständen abhängig.*

Mit der Einstellung zu unseren Lebensumständen erfolgt die Initialzündung, die alles andere in Bewegung setzt. Wenn Sie trotzdem glauben, Ihren Lebensumständen keinerlei Freude abgewinnen zu können, sehen Sie die momentanen Umstände einfach als eine Trainingsaufgabe an, die Ihnen serviert wird. Nehmen Sie dieses Training an, sperren Sie sich nicht gegen dieses Training. Ihr Sperren zementiert die ungeliebten Umstände. Freuen Sie sich darauf, dass Sie dieses Training ein Stück weiter bringt. Nichts bleibt so, wie es ist.

Jedes Training besteht aus einem Widerstand, den Sie zu überwinden haben. Wenn Sie Ihren Arm lediglich leicht in der Luft bewegen, werden Sie damit keine Muskeln stärken. Erst wenn Ihr Arm einen Widerstand zu überwinden hat, wenn Sie kräftig gegendrücken müssen, wird der gewünschte Trainingseffekt eintreten. Also, sehen Sie den Widerstand als etwas an, das Sie weiter bringt. Danken Sie für den Widerstand. Ohne ihn kämen Sie nicht weiter. Gehen wir zum nächsten Punkt.

*2. Ich bin vollkommen gesund.*

Den Zusammenhang zwischen Lebensfreude und Gesundheit habe ich schon am Beginn unserer Überlegungen angesprochen. Ein gesunder Geist bewirkt einen gesunden Körper. Selbst Ihr Immunsystem ist von Ihrer geistig-seelischen Verfassung abhängig. Sind Sie so richtig gut drauf, ist auch Ihr Immunsystem so richtig gut drauf und wird mit jedem Eindringling fertig. Sind Sie auf der geistig-seelischen Ebene saft- und kraftlos, ist auch Ihr Immunsystem saft- und kraftlos. Sie werden krank.

Nun weiß natürlich auch ich, dass es z. B. Familienverhältnisse gibt, dass es Arbeitsverhältnisse und Partnerschaften gibt, die man als absolut krankmachend bezeichnen kann. Aber das ändert nichts am hier aufgezeigten Prinzip. In solchen Fällen müssen Sie zunächst das, was krank macht, loslassen. Und dies beginnt wieder einmal damit, dass Sie sich z. B. vorstellen können, der krankmachenden Familie adé zu sagen, das krankmachende Arbeitsverhältnis oder die Partnerschaft zu beenden. Aber tun Sie so etwas bitte, bevor es Sie umbringt.

*Ein Mensch, der sich auf jeden Tag seines Lebens freut, der das, was er tut, gerne tut, ist so gut wie nie krank.*

Er bezieht aus seiner Lebensfreude jene Kraft, die seinen ganzen physischen Körper durchströmt. Eliminieren Sie konsequent alle Kraftfresser aus Ihrem Leben. Sie dürfen. Sie haben das Recht auf ein unversehrtes Leben. Es ist „Ihr" Leben. Trauen Sie sich.

Ärger ist z. B. ein solcher Kraftfresser. Viele Menschen behaupten, dass sie etwas geärgert hat. Ich versuche dann immer herauszufinden, „wie" es sie geärgert hat. Dabei kommen wir dann immer zur gleichen Feststellung. Nicht „es" hat sie geärgert – „es" kann das gar nicht –, sondern sie selbst haben sich geärgert. Ärger ist etwas, das in uns selbst abläuft, und für das, was in uns selbst abläuft, sind wir ganz alleine verantwortlich. Wir sind – oder sollten es zumindest sein – der Hausherr.

Ebenso verhält es sich mit den Sorgen. Sorgen machen Sie sich ganz alleine. Dies kann niemand von außen tun. Von außen kommt lediglich das thematische Angebot. Aber Sie selbst sind es, der auf dieses Angebot eingeht oder nicht. Sie sind es, der sich Sorgen macht oder nicht. Der vorwurfsvolle Satz z. B. „Warum hast du nicht angerufen, ich hab mir solche Sorgen gemacht?" prallt an mir wie an einer Betonwand ab. Ich antworte höchstens „Warum hast du es nicht sein gelassen?" Ich lasse mich da nicht hineinziehen. Ich lasse mich nicht auf indirektem Weg für den Unsinn verantwortlich machen, den ein anderer zelebriert.

***Angst und Sorgen haben eines gemeinsam. Sie ziehen immer genau das an, wovor wir Angst haben. Sie ziehen genau das an, worüber wir uns Sorgen machen.***

Angst und Sorgen sind geistige Ursachensetzungen, deren Wirkung nicht ausbleibt. Wenn sich z. B. jemand Sorgen macht, weil ich nicht angerufen habe, und dabei alle möglichen Horrorszenarien in seinem Kopf ablaufen, dann setzt er damit geistige Ursachen in die Welt, an denen ich keinesfalls teilhaben möchte. Er schadet nicht nur sich selbst, er kann auch mir schaden. Denken Sie an das Beispiel der Bestellscheine, die Sie an ein Versandhaus schicken.

Menschen, die sich immerzu Sorgen um ihre Gesundheit machen, sind in der Regel nicht die gesündesten. Mit ihren Sorgen ziehen sie Krankheit nahezu an. Sie beschäftigen sich andauernd mit dem, was sie nicht haben wollen. Sie beschäftigen sich mit Krankheiten, die sie verhindern wollen, statt ihre geistige Kraft auf das zu konzentrieren, was sie wollen. „Hoffentlich werden wir nicht krank", ist die beste Voraussetzung, krank zu werden. Hätte z. B. Albert Schweitzer nur ein einziges Mal diesen Gedanken zugelassen, wäre er sicher an der hochansteckenden Lepra gestorben.

Wie ich schon gesagt habe: Schöpfung ist nicht abschaffen oder verhindern, Schöpfung ist „er"-schaffen. Die Schöpfung kennt keine Verneinung. Der Gedanke „Ich habe keine Angst" ist der klassische Bestellschein für Angst. Ich habe solche Zusammenhänge in meinem Buch „Die Kraft der Selbstheilung" ausführlich behandelt. Gehen wir zum nächsten Punkt.

*3. Ich werde gemocht und anerkannt.*

Ein Mensch, der sich auf jeden Tag seines Lebens freut, der dem Leben positiv gegenübersteht, egal, an welcher Stelle er im

Augenblick steht, schafft damit ein Energiefeld, das nicht nur seinen eigenen Körper stimuliert, es wirkt auch positiv auf andere Menschen. Ein solcher Mensch wirkt wie ein Licht, das in der Dunkelheit die Motten anzieht. Er wirkt im wahrsten Sinne des Wortes „anziehend". Seine Nähe und Gesellschaft werden gesucht. Er braucht dazu keinerlei Zubehör. Er selbst genügt.

Dies ist der einfachste und wirkungsvollste Weg, Einbindung und Anerkennung zu erreichen. Einbindung und Anerkennung, die über Status und gesellschaftliche Stellung erreicht werden, haben dagegen immer einen Hauch von Zwiespältigkeit. Es ist eigentlich nicht der Mensch selbst, sondern das mit ihm Verbundene, was in solchen Fällen gesucht wird. Es könnte ja ein Vorteil dabei herausspringen.

*4. Ich lebe in einer erfüllten Partnerschaft.*

Wohl eines der schwierigsten Dinge im Leben eines Menschen. Obwohl die Feststellung der Schwierigkeit für Partnerschaften in allen Bereichen gilt, ist doch die Partnerschaft zwischen zwei Menschen – zwischen Mann und Frau – die bei weitem schwierigste. Dies hat sehr einfache Gründe.

***Mann und Frau sind in ihren Wesenskernen eigentlich zu verschieden, als dass sie wirklich harmonieren könnten, doch gleichzeitig ist diese Verschiedenheit auch das, was sie füreinander so anziehend macht.***

Die Partnerschaft zwischen Mann und Frau ist nicht nur die schwierigste, sie ist gleichzeitig auch die gesuchteste. So etwas wie ein Paradoxon. Der durch die Verschiedenheit der beiden Geschlechter unvermeidlich Konfliktstoff kann leider auch durch gleichgeschlechtliche Partnerschaften nicht umgangen werden. Ein Versuch, der immer wieder gemacht wird. Auch in gleichgeschlechtlichen Partnerschaften wird eine mehr männliche und eine mehr weiblich orientierte Rolle gelebt. Die Eifersuchtsdramen, die Rollen des oder der Verstandenen oder Unverstandenen sind hier sogar noch ausgeprägter als in zweigeschlechtlichen Partnerschaften. Da weiß man ja ohnehin, dass man anders ist. Die gleichen schmerzhaften Erfahrung aber nun in einer gleichgeschlechtlichen Partnerschaft zu machen lässt eine ganze Welt einstürzen.

Ich möchte Ihnen ein sehr einfaches Modell nahe bringen, das man als Grundvoraussetzung für das Funktionieren einer Partnerschaft gelten lassen kann. Dieses Modell gilt für jede Art der Partnerschaft.

*Zwei Partner sind wie zwei Säulen. Beide Säulen sollten gleich groß und gleich stark sein. Wenn beide Säulen dann noch weit genug auseinander stehen, kann man darauf etwas aufbauen.*

Zwei gleich große und gleich starke Säulen, die eng umschlungen beieinander stehen, bedeuten nicht mehr als eine einzige Säule. Man kann darauf kein Dach errichten. Erst wenn sie weit genug auseinander stehen, kann man darauf etwas aufbauen. Auf einer großen, starken Säule und einer kleinen und schwachen Säule kann man ebenfalls nichts aufbauen. Jeder Aufbau gerät in Schieflage. Wenn eine kleine Säule sich an eine große Säule anlehnt, behindert sie die große Säule (ohne dich kann ich nicht leben).

Wenn Sie dieses einfache Basismodell einer Partnerschaft beherzigen, werden Sie weniger Probleme haben. Gleichgültig, um welchen Bereich es sich handelt – Zweierbeziehung, geschäftliche Partnerschaft, Sport, geistige Themen oder was auch immer.

Mit der Problematik der intimen Zweierbeziehung, in der z. B. das Loslassen eine gewichtige Rolle spielt, werde ich mich in einem gesonderten Kapitel befassen.

# Loslassen in der Eltern-Kind-Beziehung

Hier gilt in ganz besonderem Maße das, was ich generell über das Loslassen gesagt habe: *„Wir kommen ohne alles und wir gehen ohne alles."* Eltern werden ihre Kinder loslassen müssen – sie gehen ihren eigenen Weg – und Kinder werden ihre Eltern loslassen müssen – sie sterben meist vor den Kindern. Der natürliche Rhythmus allen Lebens. Das ewige Kommen und Gehen. Eine Eltern-Kind-Beziehung ist also – wie alles auf dieser Erde – eine „Beziehung auf Zeit".

Wenn wir diesen natürlichen Ablauf akzeptieren, kann sich eine Eltern-Kind-Beziehung weitgehend leidfrei gestalten. Wenn wir zum gegenseitigen Loslassen nicht bereit sind, wenn wir Eigentumsansprüche stellen, wenn wir den natürlichen Rhythmus des Lebens aufhalten wollen, wird zwangsläufig eine leidvolle Geschichte daraus.

*Kinder, die uns geschenkt werden, sind eine Leihgabe. Wir dürfen sie für eine kurze Zeit behalten. Unsere vornehmste Aufgabe besteht darin, eigenständige Menschen aus ihnen zu machen. Sie auf ihr eigenes Leben vorzubereiten und ihnen dazu das notwendige Rüstzeug zu vermitteln.*

*Wenn wir unsere Kinder wirklich lieben, tun wir alles, um ihnen den Start ins eigene Leben zu erleichtern. Wenn wir hingegen versuchen sie an uns zu binden, lieben wir nicht unsere Kinder, wir lieben uns selbst und das, was „wir" von ihnen haben.*

Wir lieben unseren Vorteil, auch wenn es zum Nachteil der Kinder geschieht. Wir wollen sie nicht loslassen, wir wollen sie nicht frei geben. Schließlich sind es „unsere" Kinder. Haben wir nicht alles für sie geopfert? Z. B. als Mutter auf unseren Beruf und vieles andere verzichtet. Trotzdem . . .

**Kinder sind kein Bankkonto, auf das man etwas einzahlt, was man später wieder abheben kann.**

Die Zeit, da der Reichtum eines Menschen an der Zahl seiner Kinder gemessen wurde, die später für ihn zu sorgen hatten, ist zumindest in unserem Kulturkreis schon seit einiger Zeit verronnen.

*Unsere Kinder sind nicht „unsere Kinder". Sie kommen durch uns, aber sie kommen nicht von uns. Sie gehören uns nicht. Sie gehören sich ausschließlich selbst. Sie sind ebenso Partner für uns, wie wir Partner für sie sind. Sie lernen von uns, so wie wir von ihnen lernen.*

Um nicht nur zu theoretisieren, möchte ich Ihnen zur Problematik des Loslassens in der Eltern-Kind-Beziehung ein Beispiel aus meinem eigenen Leben aufzeigen. Das Anschaulichste ist nun einmal das Leben selbst.

Aus einer geschiedenen Ehe habe ich einen Sohn, der zu dem Zeitpunkt, an dem ich dieses Buch schreibe, sechsunddreißig Jahre alt ist. Sein Name ist Patrik. Ich habe seit einunddreißig Jahren nichts mehr von ihm gehört. Ich weiß absolut nichts von ihm, und dies ist nicht darauf zurückzuführen, dass ich ihn etwa nicht geliebt hätte oder nicht lieben würde. Ganz im Gegenteil. Ich denke sehr oft und liebevoll an ihn, schicke ihm meinen Segen und so viel positive Energie, wie ich geben kann.

Die Geschichte war folgende: Nach einer einvernehmlichen Scheidung wurde mir gerichtlich ein Besuchsrecht zu eben diesem Sohn eingeräumt. Im Prinzip kümmerten sich aber weder ich noch meine geschiedene Frau um diese Regelung. Ich konnte in der Wohnung, die ich den beiden in einem Vorort Düsseldorfs angemietet und eingerichtet hatte, aus- und eingehen, wann ich wollte. Unsere persönliche Beziehung war nach der Scheidung besser, als sie vor der Scheidung war. Das galt auch für die Sexualität zwischen uns.

Wir waren sicher eines der wenigen Paare, das nach dem gerichtlichen Scheidungstermin unverzüglich miteinander ins Bett ging. Die Scheidung war mehr oder weniger von der Schwiegermutter betrieben worden, die meine Frau beherrschte. Diese Schwiegermutter hatte nie losgelassen. Sie verfügte über meine Frau wie über ihr Eigentum.

Da sie mit Angstproblemen zu kämpfen hatte (zumindest stellte sie dies so dar), konnte sie z. B. nicht allein Auto fahren oder allein im Haus sein. Dies hielt sie aber nicht davon ab, sich bei jeder bietenden Gelegenheit auf die Jagd nach Antiquitäten zu begeben. Begleiten musste sie dann ihre älteste Tochter, meine spätere Frau. Als wir heirateten, war meine Frau einunddreißig Jahre alt und bis dahin so etwas wie eine Tag-und-Nacht-Hausangestellte ihrer Mutter. Ein Eigenleben hatte sie im Prinzip nie führen können. Ich war in jeder Hinsicht ihr erster Mann. Unter der Voraussetzung, dass wir eine Wohnung in unmittelbarer Nähe des schwiegerelterlichen Hauses bezogen und meine Frau weiterhin bei Bedarf zur Verfügung stand, wurde ihr dann „gestattet" zu heiraten. So verkündete es mir die Schwiegermutter wörtlich. Eine etwas seltsame Genehmigung, die hier einer einunddreißigjährigen Frau gegeben wurde.

Da ich die Frau liebte und unter der in solchen Fällen nicht unüblichen Sehbehinderung litt, habe ich mich darauf eingelassen. Heute ist mir klar, dass so etwas nie gut gehen konnte. Die beiden waren so ineinander verhakt, dass mit der Zeit nur noch eine Nebenrolle für mich übrig blieb, was nach der Geburt besagten Sohnes noch deutlicher wurde. Offensichtlich war meine Aufgabe mit der Zeugung erfüllt.

Aber, wie gesagt, nach der Scheidung war dann unsere Beziehung wesentlich entkrampfter, wovon die Schwiegermutter allerdings nichts wissen durfte. Wenn sie auf die Vordertür des Hauses zusteuerte, verschwand ich durch die Gartentür. Dies ging aber leider nur so lange gut, wie ich finanziell etwas zu bieten hatte. Eine sehr schmerzhafte, aber durchaus heilsame Erkenntnis.

Als es meiner eigenen Firma schlechter ging, mein Gesellschafterkonto nahezu ausgeblutet war und ich meine Zahlungen einschränken musste, wandelte sich das bis dahin gute Verhältnis ins Gegenteil. Nunmehr durfte ich meinen Sohn, dem gerichtlich eingeräumten Besuchsrecht folgend, nur noch am ersten Sonntag im Monat für einige Stunden abholen. Die Wohnung durfte ich nicht mehr betreten.

An den Sonntagen, an denen ich meinen Sohn abholen konnte, war dieser während der ersten Stunden unseres Zusammenseins völlig verstockt. Er redete kaum mit mir, und wenn er eine Frage stellte, war leicht zu erkennen, dass er den Auftrag hatte, etwas Bestimmtes herauszufinden. Er wurde offensichtlich dazu angehalten, meine wirtschaftlichen und häuslichen Verhältnisse auszuspionieren. Eine ganz besonders schäbige Art des Kindesmissbrauchs. Über das, was in dem Kind vorging, dachte offensichtlich niemand nach..

Die Aktivitäten meiner Exfrau schienen nunmehr nur noch auf meine Vernichtung ausgerichtet zu sein, wobei sie auch alle gerichtlichen Register zog. Da ich inzwischen wieder geheiratet hatte und auch in dieser Ehe einiges schief gelaufen war, meine neue Frau hatte Soll und Haben verwechselt, entschloss ich mich ins Ausland zu gehen, um dort einen Neuanfang zu wagen.

Am letzten Besuchstag vor meiner Abreise, über die ich mit meiner geschiedenen Frau vorsichtshalber nicht gesprochen hatte – es war der zweite Weihnachtstag – klingelte ich zur vereinbarten Zeit an der Haustür, um meinen Sohn abzuholen. Es war aber niemand zu Hause. Mein Besuchsrecht wurde missachtet. Ich konnte somit meinen Sohn nicht mehr sehen und habe ihn auch bis heute nicht mehr gesehen.

Nach einigen Wochen habe ich ihn dann aus Irland, wohin ich gegangen war, angerufen und ihm die Situation erklärt. Ich habe ihm auch erzählt, wie schön es dort sei, und ihn eingeladen, mich dort zu besuchen. Ich wollte ihm im kommenden Sommer ein Flugticket hinterlegen, und seine Mutter sollte ihn dann auf den Direktflug Düsseldorf-Dublin setzen und auf demselben Weg auch wieder abholen. Mein Sohn Patrik jedoch sperrte sich gegen alles. Er war ganz offensichtlich von der Mutter vorprogrammiert. Ich habe versucht ihm zu erklären, dass ich ihn sehr lieb habe, dass die Probleme zwischen seiner Mutter und mir nichts mit ihm zu tun haben usw. usw. Er erklärte mir wörtlich, man habe ihm schon alles erklärt, und er lege keinen Wert auf einen weiteren Kontakt zu mir. Dies sind Worte, die ein Kind nicht selbst erfindet.

Wie hätten Sie an meiner Stelle reagiert? Natürlich hätte ich mein Besuchsrecht und auch das Recht, ihn auch einmal im Urlaub bei mir zu haben, gerichtlich durchsetzen können. Aber ich habe mich anders entschieden.

Hätte ich meinem Sohn einen Gefallen getan, wenn er mich zwangsweise hätte besuchen müssen? Hätte ich damit wirklich meinen Sohn geliebt, oder hätte ich mehr mich selbst und meinen Anspruch geliebt? Wäre es nicht nur die eigene Verletztheit gewesen, die ich zu kompensieren versuchte?

Mir fiel dabei eine Geschichte ein, die sinngemäß über Salomon erzählt wird. Zwei Frauen stritten darüber, wer die echte und wirkliche Mutter eines Säuglings sei. Beide Mütter hatten nachweislich ein Kind bekommen. Eines der Kinder jedoch war verstorben, und nun behauptete jede, dass das noch lebende Kind ihr Kind sei. Heute wäre ein solcher Streitfall durch einen Gentest leicht zu klären. Der weise Salomon griff damals zu einer anderen Form der Klärung.

Er schlug den beiden Frauen vor, das Kind völlig gerecht und millimetergenau in der Mitte zu teilen und dann auszulosen, wer die obere und wer die untere Hälfte bekommen sollte. Eine der beiden Frauen stimmte unter hämischem Lachen sofort zu und lobte die Weisheit des Vorschlags. Die andere dagegen verzichtete spontan auf die ihr zustehende Hälfte und bat darum, das Kind ungeteilt zu lassen. Darauf entschied Salomon, dass nur die Frau die echte Mutter sein könne, die das Leben des Kindes vor ihren eigenen Anspruch stelle, und sprach das Kind zur Gänze der verzichtenden Mutter zu.

Ähnliches ging mir durch den Kopf. Sollte ich meinen Sohn zum Zankapfel werden lassen? Sollte ich zulassen, dass er zwischen zwei Elternteilen hin und her gerissen wird? Meine Exfrau hatte inzwischen wieder geheiratet und lebte nun in Bad Godesberg. Mein Nachfolger war offensichtlich klüger als ich und hatte zumindest eine räumliche Distanz zwischen Mutter und Tochter gebracht. Sollte ich mich nun zurückziehen und meinen Sohn Patrik dort in Ruhe aufwachsen lassen – was wohl das Betreiben der Mutter war –, oder sollte ich um ihn kämpfen?

Ich habe ihn vollkommen losgelassen, mich nach besagtem Telefonat nicht mehr bei ihm gemeldet und denke, dass ich ihm damit jene Liebe entgegengebracht habe, die für sein Leben richtig war. Nirgendwo wird unter der Behauptung, doch nur „das Beste zu wollen" oder „das Recht zu haben" so viel Schaden angerichtet wie in der Eltern-Kind-Beziehung.

Wenn Sie die Einzelheiten meines Beispiels betrachten, entdecken Sie gleich mehrere klassische Verhaltensstrukturen.

1. Meine ehemalige Schwiegermutter betrachtete ihre Tochter als ihr Eigentum, das mit allen Mitteln verteidigt wurde.
2. Meine Frau wiederum betrachtete unseren gemeinsamen Sohn als ihr Eigentum, das sie nun ihrerseits mit allen Mitteln verteidigte. Das einmal erlernte Verhaltensmuster wurde weitergegeben.
3. Aus Liebe wurde Hass. Im Sinne der Polarität sind Liebe und Hass nur die extremen Pole ein und derselben Sache.

Trotzdem möchte ich in solchen und ähnlichen Fällen nicht von Schuld der Eltern sprechen. Eltern tun nur das, was sie können, und sie können nur das, was sie selbst gelernt und erfahren haben. Sie sind ebenso programmiert, wie wir von ihnen programmiert wurden.

Sie haben ihre Wahrheiten nicht selbst erfunden. Leider versuchen sie ihre einmal gefundenen Wahrheiten dann meist auch an ihre Kinder weiterzugeben. Schließlich wollen sie ja nur das Beste. Wollen die Kinder vor den schmerzhaften Erfahrungen, die sie selber machen mussten, bewahren. Wenn ich aber einem Kind bestimmte Erfahrungen ersparen will, entziehe ich ihm damit lebenswichtigen Lernstoff.

Ein Kind glaubt immer nur das, was es selbst erfahren hat. Wir können ihm z. B. hundertmal erklären, dass es die Herdplatte nicht anfassen soll, weil diese heiß ist und es sich daran die Finger verbrennt. Solange es aber nicht selbst erfahren hat, was „heiß" und was „verbrennen" bedeutet, bleiben unsere Ermahnungen völlig wirkungslos. Dies ist kein Trotz des Kindes. Es kann unsere Ermahnung ganz einfach nicht verarbeiten, weil ihm die dazu notwendigen Erfahrungswerte fehlen. Was ist heiß? Was ist Verbrennen? Diese Mechanismen gelten im Größten wie im Kleinsten.

Verlassenheit, Liebesschmerz, Versagensangst, Demütigungen, Einsamkeit, Traurigkeit und Ähnliches müssen erfahren werden. Sie gehören ebenso zum Lehrstoff, den das Leben für uns bereit hält, wie auf der anderen Seite Liebesglück, Fröhlichkeit, Erfolg, das Erleben der eigenen Stärke usw. Wir können und sollten unseren Kindern diese wichtigen Erfahrungen nicht nehmen.

*Blessuren und Programmierungen aus unserer Kindheit sind Aufgabenstellungen, die wir zu erledigen haben. Sie sind kein Alibi für die eigene Untätigkeit. „Leider haben es meine Eltern versäumt ..." ist nichts als Selbstbetrug.*

Unsere Eltern haben nichts versäumt. Die Einzigen, die etwas versäumen, sind wir, indem wir uns ein solches Alibi zulegen.

Ich erlebe immer wieder, dass Eltern versuchen, das Leben ihrer Kinder so lange zu steuern, wie es eben geht. Sie möchten z. B., dass ihr Kind einen bestimmten Beruf ergreift, dass es möglicherweise den eigenen Betrieb, Firma, Kanzlei oder Praxis weiterführt. Damit hätte es doch eine sichere Lebensgrundlage, und die Familientradition bliebe auch erhalten. Zudem sei auch das Haus groß genug und könnte auch noch an- oder ausgebaut werden. So könnte man zusammen leben, was wiederum sehr praktisch wäre. Zumindest könnte dann die Oma auf die Kinder aufpassen, wenn die Frau vielleicht im Büro helfen will, usw. usw.

Meine Empfehlung: Wenn Ihnen als Kind solche Angebote gemacht werden, wenn Sie evtl. als Ehepartner in solche Verhältnisse einheiraten wollen, laufen Sie vorher weg, so weit Ihre Füße Sie tragen. Nachher wird es wesentlich komplizierter und teurer. Gehen Sie Ihren eigenen Weg. Leben Sie Ihr Leben und leben Sie nicht die Vorstellung, die andere von Ihrem Leben haben.

Eltern haben kein Recht, das Erwachsenen-Leben ihrer Kinder zu gestalten. Sie durften und taten dies während der Kindheit. In diesem Lebensabschnitt der Kinder war es ihre Aufgabe. Sie hatten sogar die Pflicht zur Fürsorge. Aber mit Eintritt ins Erwachsenenalter haben die Kinder das Recht auf ihr eigenes Leben. Auf ihre eigene Lebensgestaltung. Auch wenn die Eltern dann mit Enttäuschung reagieren: *„Wir hatten doch so gehofft und alles nur für dich getan."* Bleiben Sie hart. Sie hatten nicht darum gebeten.

Es nutzt Ihnen z. B. nichts, wenn Sie ein gesichertes Einkommen aus der Weiterführung der elterlichen Anwaltskanzlei haben, diesen Beruf aber hassen und viel lieber Tierarzt oder Archäologe geworden wären. Der tägliche Frust und Widerwille, den Sie in Ihrem Anwaltsdasein empfinden, wird Sie mit der Zeit krank machen. Ihre Eltern sind zwar mit Ihnen zufrieden. Aber viel wichtiger wäre es, dass „Sie" mit sich und Ihrem Leben zufrieden sind. Dazu haben Sie das Recht. Wir sind nicht hier, um den Vorstellungen unserer Eltern gerecht zu werden. Wir müssen gegenseitig loslassen.

Loslassen aber bedeutet nicht fallen lassen. Bedeutet nicht, dass wir uns nunmehr völlig egal sind, dass wir uns nicht mehr umeinander kümmern. Das wäre absolut missverstanden und entspricht in keiner Weise dem, was unter zivilisierten Menschen üblich sein sollte.

*Lieben und ehren Sie Ihre Eltern und lassen Sie sich von Ihren Eltern lieben und ehren. Seien Sie füreinander da, helfen Sie sich gegenseitig, wo immer Sie können. Aber respektieren Sie das gegenseitige Recht auf ein eigenes und selbstbestimmtes Leben. Ziehen Sie die Grenzen dort, wo sie notwendig sind. Dort, wo Ihre eigenen Lebensinteressen berührt werden.*

Ich höre immer wieder Klagen – vor allem von älteren Müttern –, dass das Leben fad und eintönig sei und keine rechten Aufgaben mehr bereit hält, seitdem die Kinder aus dem Haus sind. Der hier zugrunde liegende Fehler liegt nicht bei den Kindern, sondern bei den Müttern. Auch wenn die Mütter dabei die vermeintliche Undankbarkeit ihrer Kinder beklagen. Die Mütter haben den Fehler gemacht, ihre Kinder nicht als Leihgabe für eine bestimmte Zeit – wie ich es eingangs dieses Kapitels ausgedrückt habe –, sondern möglicherweise sogar als den Sinn ihres Lebens anzusehen. Kinder weg – Sinn weg.

Auch dies ist eine Art von Kindesmissbrauch. Kinder haben die Lücke zu füllen, die selbst nicht ausgefüllt werden kann. Kinder als Sinnersatz für das eigene Leben. Welch eine tiefe Armut.

*Kinder sind nicht der Sinn unseres Lebens. Der Sinn unseres Lebens liegt ausschließlich in uns selbst.*

Wir sind auf dieser Welt, weil „wir" hier etwas zu lernen haben, weil „wir" uns weiter entwickeln sollen. Jeder Mensch hat seinen

Sinn in sich selbst. Unsere Existenz bekommt nicht erst dadurch einen Sinn, dass wir Kinder zeugen und großziehen oder nützlich für andere sind. Wir sind keine Zucht- oder Nutzmenschen.

Es ist sicher sehr sinn-„voll", Kinder zu haben oder anderen Menschen zu nutzen. Dies will und kann ich nicht bestreiten. Es ist sogar zu unserem eigenen Vorteil, denn auch wir kommen dadurch ein Stück weiter. Aber es ist nicht der Sinn unseres Lebens. Der liegt allein in uns selbst.

Kinder sind eine Aufgabe, die wir uns selbst ausgesucht haben. Wenn die Aufgabe erledigt ist, sollten wir uns bedanken, dass sie uns gegeben wurde. Wir sollten uns dafür bedanken, dass wir mit unseren Kindern wachsen durften. Sie waren ein wunderbares Geschenk. Aber dann sollten wir uns eine andere Aufgabe suchen und nicht dastehen und behaupten, dass wir jetzt keine Aufgabe mehr hätten.

Wir lassen die alte Aufgabe los und nehmen eine neue Aufgabe an. Wir sind für die neue Aufgabe ebenso dankbar, wie wir für die alte Aufgabe dankbar waren. Wir sind ebenso im Fluss der Schöpfung, wie die Gezeiten des Meeres im Fluss der Schöpfung sind. Wir leben und akzeptieren den ewigen Rhythmus des Lebens.

*Suchen unsere Kinder unseren Rat, geben wir ihnen weiterhin unseren Rat. Aber wir mischen uns nicht ein und überschütten sie mit ungebetenen Ratschlägen.*

*Suchen unsere Kinder unsere Hilfe, gewähren wir ihnen weiterhin unsere Hilfe. Aber wir nötigen ihnen unsere Hilfe nicht auf.*

*Suchen sie unsere Nähe, gewähren wir ihnen weiterhin unsere Nähe. Aber wir drängen sie weder direkt noch indirekt in diese Nähe.*

*Wir haben losgelassen und sind trotzdem verbunden. Aber diese Verbundenheit hat eine neue Qualität.*

# Loslassen in der Zweierbeziehung

Noch intensiver, häufiger und nachhaltiger, als der „Mein"-Anspruch in der Eltern-Kind-Beziehung erhoben wird, wird er in einer engen und intimen Beziehung zwischen zwei Menschen gestellt. Sei dies in einer förmlichen Ehe, einer eheähnlichen Verbindungen oder einer tieferen Freundschaft. Aber auch hier gilt;

*Mein Mann ist nicht „mein" Mann. Meine Frau ist nicht „meine" Frau. Mein Freund oder meine Freundin ist nicht „mein". Kein Mensch gehört einem anderen. Sklaverei und Leibeigenschaft sind abgeschafft.*

So wie der Sinn des Lebens eines Menschen ausschließlich in ihm selbst liegt, so gehört er sich auch ausschließlich selbst. Er gehört weder seinen Eltern noch dem Staat, weder einer Religionsgemeinschaft noch einem Partner. Jeglicher „Mein"-Anspruch ist ohne Substanz. Einen solchen Anspruch müssen wir sofort loslassen. Es ist unser Ego, das uns diesen Anspruch vorgaukelt. Wenn ein anderer Mensch zu uns gehört, wenn er „mein" ist, verstärkt dies natürlich unser eigenes Ichgefühl. Ein einsamer Mensch, der, wie man so treffend sagt, „niemanden hat", fühlt sich dagegen meist minderwertig. Wir haben über die Mechanismen der Selbstdarstellung in der Herde bereits gesprochen.

Nun ist es nicht immer gleich ein „Mein"-Anspruch, wenn man z. B. bei einer Vorstellung jemanden als „meine Frau" oder „meinen Mann" bezeichnet. Dies ist nun mal die Umgangssprache, und niemand denkt oder empfindet etwas Böses dabei. Aber gerade das ist das Gefährliche an einer solchen Formulierung.

Der in der Umgangssprache häufige und unbewusste Gebrauch des Wortes „mein" wird von unserem Unterbewusstsein sehr bewusst registriert. Es sind so etwas wie unterschwellige Autosuggestionen. In der Schublade „Mein" sammelt sich dann mit der Zeit alles an, was zu uns gehört, was sozusagen unser Eigentum ist. Es wird uns hinzuaddiert. Es wird vereinnahmt und was wir einmal vereinnahmt haben, das geben wir dann auch so schnell nicht wieder her. Sie erinnern sich des Beispiels der unseligen Identifikation eines Mannes mit seiner Firma.

Die von mir in meiner Praxis so häufig erlebte tiefe Entrüstung oder gar Verletzung darüber, wie „mein" Mann oder „meine" Frau so etwas tun und denken kann, ist – wenn man diese unbewussten Mechanismen kennt – also durchaus verständlich. Sie oder er wird ja unbewusst als ein Teil von mir empfunden, und wie kann ein Teil von mir so etwas tun oder denken? Unglaublich!

Wir müssen sehr genau zwischen unserer bewussten und unbewussten Ebene unterscheiden. Mit dem Verstand sind wir meist durchaus bereit, unserer Frau oder unserem Mann ein abweichendes Denken und Handeln zuzugestehen. Vermutlich äußern wir sogar, dass sie oder er ja schließlich selbständige Menschen sind, dass sie ein Recht darauf haben ... usw. Nicht selten unterstützen wir sogar nach außen ihre Bestrebungen zur Eigenständigkeit. Wir helfen mit Rat und Tat – manchmal auch mit Geld – und sind dann stolz auf „unsere" Frau, auf „unseren" Mann.

Aber wie sieht es in unserem Inneren aus? Hier kocht und brodelt es wahrscheinlich genau ab dem Moment, wo diese Eigenständigkeit nicht mit unseren Vorstellungen, wie diese zu sein hat, übereinstimmt. Wo uns das Denken und Handeln unseres Partners fremd erscheint. Wie kann der oder die ausgerechnet so etwas machen? Warum wurde das nicht mit mir besprochen? Sie oder er weiß doch, dass ich immer da bin, wenn ich gebraucht werde. Unser Ego tobt sich so richtig aus. Wie tief sind wir doch enttäuscht, dass unsere Hilfsbereitschaft so missachtet wurde.

Hier ballt sich jener Groll zusammen, der irgendwann ein Ventil sucht, aus dem er entweichen kann. Unser Gegenüber steht dann meist verständnislos da. „Aber du hast doch selbst gesagt, ich soll ... was habe ich denn falsch gemacht?"

Sie oder er hat nichts falsch gemacht. Der einzige Fehler bestand darin, etwas so zu sehen oder etwas so gemacht zu haben, wie wir es selbst bestimmt nicht gemacht hätten. Welch ein Sakrileg, da wir doch ganz genau wissen, was richtig und was falsch ist. Schließlich haben wir teures Lehrgeld bezahlt. Warum hört man nicht auf uns?

Einen solchen Unfehlbarkeits-Anspruch müssen wir schleunigst loslassen. Es kann so sein, aber es kann auch ganz anders sein. Was gestern richtig war, kann heute falsch sein. Nichts bleibt auch nur eine Sekunde so, wie es ist.

*Wenn wir uns selbst im Besitz der Wahrheit fühlen, liegt schon allein darin die größte Dummheit.*

Sagen und Fühlen entspringen zwei verschiedenen Ebenen. Unser Sagen wird von unserer rationalen Ebene gesteuert, von unserem Verstand. So sollte es jedenfalls sein, wenn man auch bei manchem seine Zweifel daran haben kann. Was wir aussprechen, müssen wir uns zurechtlegen und bewusst formulieren. Es ist gewissermaßen kontrolliert.

Unsere Gefühle hingegen entspringen der unbewussten Ebene. Sie brechen hervor. Sie sind da und beherrschen uns auch jenseits aller Logik. Und wenn es um meinen Mann oder meine Frau geht, sind immer Gefühle im Spiel, oder die Verbindung ist bereits weitgehend tot.

*Wenn sich bewusste und unbewusste Ebene entgegenstehen, wenn sie nicht in dieselbe Richtung tendieren, siegt am Ende immer und ausnahmslos die unbewusste Ebene.*

Mit dem Verstand mögen wir noch so oft versichern, dass ... Wenn die unbewusste Ebene entgegengesetzt empfindet, wenn entsprechende Gefühle hochkommen, werden sie sich Gehör verschaffen. Irgendwann platzt es dann aus uns heraus. Solche Entladungen sind notwendig und obendrein höchst gesund. Würden wir etwas zu lange mit uns herumtragen, würden wir es immer weiter in uns hineinfressen, würde es irgendwann anfangen, uns selbst zu fressen. Krebs hat sehr häufig diesen psychischen Hintergrund.

So sind viele Dramen und Auseinandersetzungen in Ehen oder Partnerschaften oft nichts anderes als notwendige und durchaus gesundende Prozesse. Wunderbar, wenn man dabei eine professionelle Hilfe von außen bekommen kann. Leider wird eine solche Möglichkeit viel zu wenig genutzt, und meist sind es die Herren der Schöpfung, die um ihre Krone fürchten. Ist es nicht schon peinlich genug, wenn meine Frau zu einem solchen Seelenklempner läuft? Soll ich da jetzt auch noch hin? Ich bin doch nicht verrückt! Sie braucht mir doch nur ein Stück entgegenzukommen und etwas mehr auf mich einzugehen, dann hätten wir keine Probleme mehr. Warum ist das nur so schwer einsehbar?

Zu mir kam eine etwa dreißigjährige Frau, deren Ehe – wie sie sich wörtlich ausdrückte – von ihrem Mann brutal zerstört wurde. Er hatte sie betrogen. Er war nach einer Betriebsfeier mit einer Kollegin ins Bett gestiegen, was ihr dann brühwarm über diverse Kanäle berichtet wurde.

In ihr war damit eine Welt zusammengebrochen. Sie hatte doch alles für ihren Mann getan, sich nie etwas zu Schulden kommen lassen und ihm zwei nette Kinder geschenkt. Sie hatte ihn wirklich geliebt, und nun zum Dank so etwas. Sie sagte mir wörtlich, dass sie es sich nicht vorstellen könne, ihn jemals wieder anzufassen, wenn er seinen Sch... in eine andere gesteckt habe, und sie wolle auch die Kinder von ihm fern halten. Verzeihung, wenn ich dies so deutlich wiedergebe. Es ist wichtig, um diesen Fall richtig einzuordnen. Eine Gesprächseinladung meinerseits an den Ehemann blieb erfolglos. Schließlich sei er nicht verrückt und brauche keinen Psychologen.

Ich schlage vor, dass wir zunächst einmal die klassischen Verhaltensfehler der Frau analysieren, die aus meiner kurzen Schilderung sichtbar werden. Ich will damit nicht andeuten, dass das Verhalten des Mannes ohne Fehler war. Ganz gewiss nicht. Aber er stand mir nicht zur Verfügung, und so kann ich nur die Sicht der Frau kommentieren.

1. Ich habe in meiner langen Praxis noch nie erlebt, dass eine Ehe allein von einem der beiden Partner brutal zerstört wurde. Einseitige Schuldzuweisungen brechen in der Regel immer schnell zusammen. Aus dieser Erkenntnis heraus ist man auch in der deutschen Rechtsprechung vom sogenannten Verschuldensprinzip abgegangen.

2. Wenn eine außereheliche Affäre oder ein Seitensprung möglich ist, stimmt in dieser Zweierbeziehung etwas nicht. Dies kann von einem der beiden Partner oder auch von beiden Partnern ausgehen. Sehr häufig bilden Kommunikationsprobleme den Hintergrund. Man fühlt sich unverstanden und ist offen für jeden, der Verständnis signalisiert. In einer wirklich erfüllten Beziehung jedoch ist und bleibt jeder der beiden Partner für mögliche andere Partner unerreichbar. Die oft gehörte Beschönigung, dass ein Seitensprung nun mal dem Trieb des Mannes entspreche, kann ich nicht akzeptieren. Ein Mann ist kein Tier, das allein seinem Geschlechtstrieb folgt. Durchaus besitzt er so etwas wie einen Verstand, wenngleich auch dessen Funktion – im Falle sexueller Erregung – deutlich gemindert ist. Ein Trick der Natur, um Nachkommenschaft zu sichern.

3. Die Darstellung der Ehefrau, alles für ihren Mann getan zu haben, sich nie etwas zu Schulden haben kommen zu lassen und ihm zwei nette Kinder „geschenkt" zu haben, ist höchst aussagekräftig. Sie hat sich damit selbst auf ein so hohes Podest gesetzt, dass sie nun – nach dem bekannt gewordenen Seitensprung ihres Mannes – nicht mehr herunter kann. Sie

hat sich selbst einen Orden verliehen und für die Niederungen des Lebens unerreichbar gemacht. Auch in diesem Falle sind Kinder kein Bankkonto, das man abschöpfen kann.

4. Die Aussage, ihren Mann nicht mehr anfassen zu können, nachdem er . . ., signalisiert ein offenbar zutiefst verletztes Ego, das nur auf den typischen „Mein"-Anspruch zurückzuführen ist. Jemand hat mit meinem Spielzeug gespielt, in meinem Bettchen geschlafen, aus meinem Tellerchen gegessen. Nun mag ich es nicht mehr.

5. Die Androhung, auch die Kinder von ihm fern halten zu wollen, ist der untaugliche Versuch, sich Verbündete für die eigene Position zu schaffen. Auch die Kinder sollen wissen, was er der Mammi angetan hat. Das Interesse und das Bedürfnis der Kinder spielt dabei offensichtlich keine so große Rolle. Vergeltung scheint das vordergründige Motiv. Dabei beträgt der Unterschied zwischen Verge(lt)ung und Verge(b)ung nur zwei Buchstaben.

Ich glaube, die Punkte 1 und 2 brauche ich nicht weiter zu kommentieren. Sie sind sicher unstrittig und allgemein verständlich. Interessant wird es bei den Punkten 3 bis 5. Mit einer Position „ich bin völlig in Ordnung – du bist der Schuldige" zwinge ich einen Partner in die Demuts-Haltung. Er soll büßen, er soll sehen, was er angerichtet hat. Wenn ich aber einen Menschen wirklich liebe, verlange ich das nicht von ihm.

*Wenn ich einen Menschen liebe, liegt mir sein Wohl am Herzen. Ich will, dass es ihm gut geht. Wenn ich hingegen das liebe, was ich von ihm habe, liebe ich nicht ihn, sondern sein Verhalten. Liebe hingegen ist selbstlos. Liebe erwartet keine Gegenleistung. Liebe stellt keine Bedingungen.*

Wie kann ich versichern, dass ich meinen Mann liebe, ihn aber jetzt nicht mehr anfassen kann, weil …? Dies ist eine bedingte Liebe. Ich liebe dich so lange, wie du dich so verhältst, wie ich denke, dass du dich verhalten sollst. Ich liebe meinen Hund, solange er nach meinen Vorstellungen pariert.

Interessant ist auch die Darstellung, dass sie ihm zwei nette Kinder geschenkt hat, und nun „zum Dank" das. Liebe erwartet keinen Dank, und ihr Mann hat ihr die Kinder ebenso geschenkt, wie sie ihm die Kinder geschenkt hat. Wobei die Bezeichnung „geschenkt" schon mehr als fragwürdig erscheint. Allenfalls sind Kinder ein Geschenk Gottes. Erinnern Sie sich, was ich am Anfang gesagt habe: „Kinder kommen durch uns, aber sie kommen nicht von uns."

Nach langer Diskussion habe ich besagter Dame diesen entscheidenden Unterschied klarmachen können. Ich habe ihr auch empfohlen, ihren Mann in die Badewanne zu stecken, in Sagrotan zu baden und mit der Wurzelbürste so lange abzuschrubben, bis sie ihn wieder anfassen kann. Vielleicht ein etwas krasser Vorschlag. Aber manchmal helfen solche Vorstellungen.

Ich habe sie natürlich auch gefragt, ob sie ihre Kinder liebt, was sie mit aller Entschiedenheit bejahte. Im Prinzip war sie sogar empört darüber, dass ich ihr überhaupt eine solche Frage stellte. Was ich ihr daraufhin klar gemacht habe, können Sie sich inzwischen selbst vorstellen. Meine Kinder zu lieben bedeutet, dass mir ihr Wohlergehen, dass mir die Interessen meiner Kinder wichtiger sind als meine eigenen Interessen. Wenn ich die Kinder vom Vater fernhalte, wenn ich die Stimmung gegen ihn schüre, um meine eigenen Verletzungen zu heilen, handle ich ganz gewiss nicht im Interesse meiner Kinder. Ich nehme den Kindern etwas weg, was für ihre Entwicklung sehr wichtig ist. Ich sollte dann nicht behaupten, meine Kinder zu lieben. Es geht mir ausschließlich um mich selbst. Es geht vordergründig um die Befriedigung meiner Rache. Verlassen wir nun diesen Fall.

***Eine Partnerschaft besteht aus Geben und Nehmen. Wenn ich gebe, muss ich etwas in der Hand haben, das ich geben kann.***

*Wenn ich nehme, muss ich die Hände frei haben, das Gegebene anzunehmen.*

Nun sind Hände hier natürlich nur sinnbildlich gemeint. Liebe, zärtliche Gefühle und Worte usw. geben wir nicht mit den Händen, obwohl die Hände involviert sein können. Hände drücken das aus, was im Inneren vorgeht. Hände sind Werkzeuge, die benutzt werden. Der innere Meister führt das Werkzeug, nicht das Werkzeug den Meister.

In einer fruchtbaren Partnerschaft müssen Geben und Nehmen in der Waage sein. Wenn ich mehr gebe, als ich nehme, stehe ich schief und laufe leer. Wenn ich mehr nehme, als ich gebe, stehe ich ebenfalls schief und werde am eigenen Gewicht heruntergezogen. Neigt sich die Waage deutlich auf eine Seite, ist der Fluss des Gebens und Nehmens unterbrochen. In einer Partnerschaft kommt es aber gerade darauf an, diesen Fluss lebendig zu halten. Stehendes Wasser wird faul.

Um geben zu können, muss ich also nehmen, und um nehmen zu können, muss ich geben. Somit habe ich das Recht oder besser gesagt sogar die Pflicht zu nehmen. Nehmen ist also nichts Ungebührliches. Ich muss nehmen. Ein Auto, das ich nicht regelmäßig betanke, wird irgendwann stehen bleiben.

Wenn ich mich selbst zurückstelle, wenn ich nach dem Motto handele „Alles für den Partner, die Kinder, die Eltern oder wen sonst noch", dann erweise ich weder mir noch den Genannten damit einen Dienst. Ich blockiere den notwendigen Fluss. Ich blockiere den Austausch und laufe Gefahr, dass die von mir so reichlich Bedachten die Flucht ergreifen, bevor sie an meinen Gaben ersticken. Ungerecht? Nein, einfach nur logisch!

Wenn ich vorhin den Unterschied zwischen Liebe und Eigenliebe deutlich gemacht habe, so heißt dies nicht, dass Eigenliebe etwas Falsches oder gar Schlechtes ist. Sie ist ebenso notwendig wie die tägliche Nahrungsaufnahme.

Ich kann einen anderen Menschen lieben. Ich kann ihn sogar so selbstlos lieben, wie ich dies als Liebe definiert habe, aber ich muss die gleiche Liebe auch für mich aufbringen. Wenn ich durch die Liebe zu einem anderen selbst Schaden nehme, handele ich falsch. Die Waage stimmt nicht mehr. Ich gerate aus der Balance. Opferrollen sind nicht gefragt. Nur selten wird so ein Opfer angenommen, und Mitleid ist keine Basis für eine Partnerschaft.

Die von mir recht häufig gehörte Klage: „Zwanzig Jahre habe ich alles für meinen Mann getan, habe nie etwas für mich gewollt, ihm meine Jugend geopfert, die Kinder großgezogen usw., und nun hat er eine andere", ist nichts als die zwangsläufige Folge eines falschen Verhaltens. Dies war keine Partnerschaft, dies war ein Dienstverhältnis. Dienstverhältnisse kann man kündigen. Abfindung und Rentenanspruch regeln dann meist die Gerichte.

Wenn sich zwei Menschen, die jeder für sich alleine hervorragend leben können, in einer Partnerschaft zusammenfinden, kann daraus etwas Großartiges entstehen. Wenn einer ohne den anderen nicht leben kann, ist das Scheitern der Verbindung vorprogrammiert.

Also, was müssen Sie alles loslassen? Ihre generelle Vorstellung von Partnerschaft? Ihre Sicht, wie Ihr Partner zu sein hat? Ihren Eigentumsanspruch? Das Bild, das Sie von sich selbst haben? Das Bild, das Sie von Zuhause mitbekommen haben? Ziehen Sie an dieser Stelle Ihre ganz persönliche Bilanz.

# Das Loslassen von Besitz

*Wir kommen ohne alles und wir gehen ohne alles. Das Einzige, was wir mitnehmen, ist die Erfahrung, die wir gesammelt haben, ist die Erkenntnis, durch die wir vielleicht ein wenig weiser geworden sind.*

Manchmal haben wir auch nichts gelernt, haben uns verweigert, wussten alles besser, haben unseren Kopf durchgesetzt. Keine Sorge. Weder für uns, noch für das System dieser Schöpfung ein größeres Problem. Es wurde nichts versäumt und wir können nichts versäumen. Wie in einer Schule bekommen wir unseren Lernstoff so lange vorgesetzt, bis wir endlich verstanden haben. Zeit spielt dabei keine Rolle. Zeit ist lediglich eine Erfindung unserer begrenzten menschlichen Existenz. Die unbegrenzte geistige Ebene hingegen – von der aus wir in diese Schule geschickt werden – ist absolut zeitlos.

Mit unserem Verstand ist so etwas wie Zeitlosigkeit nicht zu verstehen. Unser Verstand rechnet in Gestern und Heute. Er ist eingebunden in Anfang und Ende unserer begrenzten körperlichen Existenz. Er lebt in der Zeit. Er ist Teil unseres begrenzten Körpers und verwest mit dem Hirn ebenso, wie die gesamte Materie unseres Körpers verwest. Alles, was wir ihm so mühsam eingetrichtert haben, geht ab dem Moment verloren, wo das Hirn nicht mehr durchblutet ist. Die Alzheimersche Erkrankung liefert uns dafür ein Beispiel. Sie ist ein Absterben der Hirnfunktionen auf Raten.

Unsere geistig-seelische Existenz hingegen, das, was sich von diesem Körper im Tode trennt, unser wahres Ich, ist unbegrenzt. Die moderne Sterbeforschung liefert uns dafür genügend Beweise. Unseren Körper haben wir lediglich eine Weile benutzt, um darin eine bestimmte Erfahrung machen zu können. Er war wie eine Wohnung für uns. Er war wie eine Rolle, die wir gespielt haben. Wir nutzen mehrere Wohnungen. Wir spielen mehrere Rollen, denn die Erfahrungen, derentwegen wir in diese Schöpfung Erde hineingeboren wurden, können und müssen wir auf allen Ebenen gleichermaßen sammeln.

Es spielt keine Rolle, ob wir sie als so genannter Stellvertreter Gottes auf Erden oder in einem afrikanischen Kral machen. Ob unser materieller Besitz sich in Milliarden oder lediglich in mühsam erworbenen Glasperlen oder Rindviechern rechnet. Worauf es ankommt, ist allein der Erfahrungsinhalt, ist allein das übergeordnete Thema einer Erfahrung, ist allein deren Tiefe, die uns zu einer damit verbundenen Erkenntnis kommen lässt.

Es kann uns ebenso schwer fallen, eine Glasperle oder eine Kuh loszulassen, wie es uns schwer fällt, eine Milliarde loszulassen. (Leider hatte ich persönlich das letztere Problem noch nie.) Ja, es kann sogar noch schwieriger sein, uns von der Kuh zu trennen, wenn davon unsere Existenz abhängt. Wenn wir die Milch, die wir dringend brauchen, nun nicht mehr zur Verfügung haben.

Dass man hingegen eine Milliarde dringend braucht, kann ich mir nicht vorstellen. Eine Milliarde ist selten allein (Sie wissen: Reichtum zieht Reichtum an und Armut zieht Armut an), und ihr Wegfall kann wohl kaum so existenzbedrohend sein wie der Wegfall einer Kuh. Was nicht ausschließt, dass der Wegfall einer Milliarde trotzdem als ebenso existenzbedrohend empfunden wird. Alle Bewertungen sind immer rein subjektiver Natur. Man kann sich nach dem Wegfall einer Milliarde auch mit den vielleicht noch verbliebenen 20 Millionen durchaus arm und nackt fühlen.

*Wir können uns mit unserem Besitz reich fühlen, oder wir können uns mit unserem Besitz arm fühlen. Entscheidend ist allein, womit wir uns vergleichen.*

Erst der Vergleich schafft das Gefühl von Zufriedenheit oder Unzufriedenheit, von genug oder zu wenig. Und da das Vergleichen in der Herde, das Mehr- oder zumindest Anders-sein-Wollen als die anderen, zu unseren beliebtesten Spielchen zählt, wie wir es am Anfang unserer Betrachtungen ausführlich behandelt haben, fehlt es uns eigentlich nie an geeigneten Gründen zur Klage – oder auch umgekehrt zur Zufriedenheit. Wir haben die Wahl, unsere eigene Situation so oder so zu betrachten. Vor diese Wahl gestellt, neigen die meisten Menschen allerdings dazu, ihre Aufmerksamkeit auf das zu richten, was sie nicht haben, statt das zu sehen, was sie haben. Das, was nicht oder zu wenig ist, wird zur Quelle der Unzufriedenheit. Das, was ist, bleibt hingegen völlig unterbewertet und wird als normal gesehen.

Wie sehen Sie sich z. B. selbst? Sind Sie arm oder reich? Bitte keine Ausflüchte der Art wie: „Ja, wenn ich das so sehe …, aber wenn ich natürlich auf der anderen Seite sehe, wie … usw." Warum schauen Sie da hin und dort hin?

**Geht es Ihnen erst gut, weil es anderen schlecht geht, oder geht es Ihnen schlecht, weil es anderen gut geht?**

Was für ein Unsinn! Entscheiden Sie sich hier und jetzt und machen Sie die Entscheidung nicht von anderen abhängig. Diese Entscheidung ist wichtig für Ihr gesamtes Lebensgefühl. „Sie" allein treffen diese Entscheidung. Sie allein bestimmen damit Ihr Lebensgefühl. Wenn Sie aus diesem Buch allein diesen einzigen Punkt verinnerlichen, ändert sich Ihr Lebensgefühl.

Wie gesagt, wählen die meisten Menschen den Blickwinkel, aus dem heraus ihnen immer etwas fehlt. Sie sind nie ganz zufrieden, sind nie ganz angekommen. Sie müssen immer noch etwas. Weder können sie etwas von dem loslassen, was sie haben, noch können sie die Vorstellung davon loslassen, was sie unbedingt noch haben müssten. Ein nie endender Kreisverkehr der Bedürftigkeit.

Loslassen ist niemals ein Verlust. Loslassen hält das Rad des Kommens und Gehens, des Gebens und Nehmens in Bewegung. Loslassen bringt uns der Fülle der Schöpfung näher als das Festhalten. Dies gilt selbstverständlich auch für unseren materiellen Besitz, so widersinnig das zunächst auch klingen kann. Lassen Sie mich dies folgendermaßen erklären.

*Wenn ich an meinem materiellen Besitz hänge, wenn ich nicht bereit bin, ihn loszulassen, wenn ich an ihm festhalte, hängt er auch an mir, hält er auch mich fest. Er nimmt mich aus der Bewegung.*

Dies entspricht folgender Gesetzmäßigkeit:

*Je mehr ich bereit bin loszulassen, desto wahrscheinlicher kann ich es behalten. Je mehr ich versuche festzuhalten, desto wahrscheinlicher werde ich es verlieren. Wie ist so etwas zu erklären?*

Die Erklärung ist einfacher, als Sie vermuten. Wenn ich etwas festhalte und versuche, es aus der Bewegung der Schöpfung herauszunehmen, ist dies gegen das Prinzip der sich dauernd wandelnden Schöpfung. Da ich aber keine Ausnahmegenehmigung in dieser Schöpfung erhalten werde, wird mir das, was ich festhalten will, genommen werden, damit ich auf diesem Weg wieder in die Bewegung zurückfinde. Eine absolut notwendige Lernerfahrung.

Wenn ich hingegen bereit bin loszulassen, wenn ich nicht festhalte und die dauernde Bewegung und Veränderung der Schöpfung akzeptiere, macht es keinen Sinn, mir etwas wegzunehmen. Ich blockiere ja nichts. Loslassen ist damit kein Lernstoff für mich.

Das heißt nun nicht, dass ich meinen Besitz verschleudern soll, dass ich mich nicht darum kümmern soll. Das heißt auch nicht, dass Besitz etwas Schlechtes ist. Das heißt ebenso wenig, dass

Besitz mich am Weiterkommen hindert. Ganz im Gegenteil. Nur wer etwas hat, kann etwas geben. Entscheidend ist allein, wie ich mit meinem Besitz umgehe. Versuche ich ihn aus dem Verkehr zu ziehen, oder nutze ich meinen Besitz zum eigenen wie auch zum Wohl anderer?

Die Waage des Gebens und Nehmens muss stimmen. Alles, was ich gebe, kommt in irgendeiner Form wieder zu mir zurück. Die Dinge fließen. Stehendes Wasser hingegen wird faul. Wenn ich anderen eine Freude bereite, wird die Freude zu mir zurückkommen. Das Gesetz von Ursache und Wirkung. Was wir säen, werden wir ernten.

Auch dazu ein recht einfaches Beispiel: Ich war mit meiner Frau für einen Tag zum Skifahren in St. Johann in Tirol. Dies ist nur eine dreiviertel Autostunde von uns entfernt. Über Nacht war Neuschnee gefallen, und es versprach ein herrlicher Tag zu werden. Diesen Tag wollten wir nutzen. Wie immer waren wir schon kurz vor neun Uhr die ersten an der Bergbahn, und die noch jungfräulichen Hänge warteten auf uns. Gegen Mittag wurden meine Beine schwerer und schwerer, und nach einer kurzen Hütteneinkehr konnte ich mich nicht mehr aufraffen, noch einmal den Pistenschreck zu spielen. Als ich die Talstation wieder erreichte, signalisierte mir mein Körper deutlich, dass er genug hatte. Ich bin zum Auto zurückgegangen, und meine Frau, die sich durch Ski-Langlauf etwas besser vorbereitet hatte als ich, entschwebte noch einmal alleine in die verschneiten Höhen. Dies geschah gegen 13 Uhr.

Da ich uns beiden eine Tageskarte gekauft hatte, war meine Karte also noch für den ganzen Nachmittag gültig. Ich hatte also etwas bezahlt, wollte es aber nicht mehr nutzen. Nun gibt es verschiedene Möglichkeiten, mit einer solchen Situation umzugehen. Ich hätte die Karte einfach wegschmeißen, mich vielleicht noch darüber ärgern können, dass ich nicht gleich eine Halbtagskarte gekauft hatte, oder nach dem Prinzip „lieber den Magen verrenkt, als dem Wirt was geschenkt" meinen Körper überstrapazieren können.

Ich habe etwas ganz anderes getan. Ich sah auf dem Parkplatz zwei junge Leute, die mit aufgebuckelten Skiern Richtung Talstation gingen, und habe sie gefragt, ob sie noch hinauffahren wollten. Wie sie mir sagten, waren sie gerade angekommen und wollten ein paar Tage Urlaub machen. Ich habe ihnen meine Restkarte geschenkt und das strahlende Gesicht der Frau, die meinte, dass dieser Urlaub ja gut anfängt, war für mich bereits ein erster Rückfluss der Freude, die ich geschenkt hatte.

***Das Prinzip des Gebens und Nehmens, das Prinzip des Fließen-Lassens und des sinnvollen Umgangs mit dem, was uns gegeben ist, gilt im Größten wie im Kleinsten.***

Was ich gegeben hatte, war materiell nicht so bedeutend. Vielleicht war die Karte noch fünfzehn Euro wert. Aber das, was sie ausgelöst hatte, war viel mehr wert. Es war die völlig unerwartete Freude und das damit verbundene Gefühl, dass dieser Urlaub gut anfängt. Stellen Sie sich vor, Sie kommen nach langer Fahrt am Ziel an, steigen aus, buckeln Ihre Ski und jemand schenkt Ihnen eine Karte, damit Sie hinauffahren können. Natürlich hätten die jungen Leute sich selbst eine Karte kaufen können. Das hatten sie ja einkalkuliert. Aber darum geht es nicht.

Das gegenteilige Beispiel: Ich hörte in den Radionachrichten von einem russischstämmigen Milliardär, der Daimler-Chrysler verklagt hat, weil er der Meinung ist, beim Verkauf seines Chrysler-Aktienpakets zu wenig Geld bekommen zu haben. Man hätte in den damaligen Verhandlungen zum Verkauf seines Aktien-Pakets nicht von einer Übernahme, sondern lediglich von einer Cooperation gesprochen. Im Falle der Übernahme aber, die ja nun faktisch vollzogen sei, hätte er aber mehr verlangen können. So stelle er nun den Anspruch auf eine zusätzliche Abfindung. Der Mann ist über achtzig Jahre alt und, wie ich mich erinnere, geht es um einen zusätzlichen Betrag von über einer Milliarde Dollar.

Was will er eigentlich damit? Will er das Geld mitnehmen? Als gebefreudig ist er ohnehin nicht bekannt. Wenn er der Meinung wäre, dass man mit seiner zusätzlichen Milliarde (das sind eintausend Millionen) für die Menschheit etwas wesentlich Vernünftigeres tun könne, als Autos zu bauen, hätte ich noch Verständnis für seine Haltung. Aber solche Gedanken sind ihm sicher fremd. In seinem Verständnis rechnet sich so etwas nicht. Auch dies ist eine Form von Armut.

*Es ist nicht entscheidend, was wir haben. Es ist allein entscheidend, wie wir damit umgehen.*

Was haben wir aus unseren Möglichkeiten gemacht? Haben wir das uns Gegebene sinnvoll genutzt, oder haben wir es nur gesammelt? Aber wozu haben wir es dann gesammelt? Verzeihung, nichts von unserer Sammlung können wir mitnehmen, ob wir dies wahrhaben wollen oder nicht. Wie schade, wenn wir vor lauter Sammeleifer nicht dazu gekommen wären, unseren Besitz zu unserer und anderer Freude oder auch zu unserem und anderer Weiterkommen zu nutzen. Welch eine Vergeudung!

Zwar haben wir in diesem Kapitel speziell über das Loslassen von materiellem Besitz geredet, aber das Gleiche gilt natürlich auch für unseren ideellen Besitz. Für unsere besonderen Fähigkeiten und Fertigkeiten, z. B.: Was fangen wir mit dieser Art Besitz an?

# Das Loslassen unserer Vorstellungen, Überzeugungen und Wahrheiten

Wer hat noch nie erlebt, wie jemand seine eigenen Vorstellungen und Überzeugungen mit aller Kraft verteidigte? Ja, dass er sie auch dann noch hartnäckig verteidigte, wenn die Gegenargumente ihn nahezu erdrückten und seine Position eigentlich nicht mehr haltbar war. Er blieb davon überzeugt, im Besitz der Wahrheit zu sein, und jeden Versuch, diese Wahrheit zu durchlöchern, wertet er offenbar als einen Angriff auf sich selbst. Er blieb unerreichbar für jedes Gegenargument. Wie blind und taub zugleich!

Ist so etwas nun Sturheit, Dummheit, Hartnäckigkeit, geistige Unflexibilität, oder wie könnten wir es benennen? Seien Sie sicher, es ist nichts von alledem. Andere Faktoren sind hier wirksam, und ich werde sie im Laufe dieses Kapitels deutlich machen.

Nun ist es natürlich grundsätzlich nicht verkehrt, zu seinen Überzeugungen zu stehen. Sein Fähnchen immer nach dem Wind zu drehen, etwa nach dem Motto „Wie hätten Sie mich denn gerne?" ist sicher nicht der richtige Weg. Aber was ist dann der richtige Weg? Der so oft gerühmte Kompromiss etwa? Ich sage Ihnen meine Ansicht über einen Kompromiss.

*Ein Kompromiss ist etwas, bei dem niemand bekommt, was er will.*

Welchen Sinn macht so etwas? Wäre es nicht sinnvoller, einen Weg zu suchen, bei dem wenigstens einer bekommt, was er will? Dies wäre doch immerhin eine Halbierung des Problems.

Nehmen wir ein Beispiel: Zwei Männer freuen sich auf ein saftiges Steak. Es ist aber nur noch ein einziges Steak vorhanden und leider zu klein, um geteilt zu werden. Um nun keinem weh zu tun und auch nicht als unnachgiebig zu gelten, beschließen beide Männer, Fisch zu essen. Glauben Sie, dass auch nur einem der beiden Männer dieser Kompromiss-Fisch wirklich schmeckt, *wenn er an das Steak denkt*, das er in Wahrheit gerne gegessen hätte?

Aber warum denkt er daran? Warum kann er den Gedanken nicht loslassen? Wäre es nicht sinnvoller, wenn er seine Gedankenkraft auf den herrlichen Fisch richten würde, den man ihm servieren wird, und der anderen Seite ihr Steak-Vergnügen überlässt? Ja, wenn er sich sogar darüber freuen würde, dass es dem anderen schmeckt? Aber dieses totale Loslassen ist nicht einfach. Es bedarf geistiger Disziplin und auch einiger Techniken, die ich im letzten Teil des Buches noch erklären werde.

Ich schlage vor, dass wir zunächst einmal von jeder Bewertung eines bestimmten Verhaltens absehen und uns stattdessen mit dem Zustandekommen unserer Vorstellungen, Überzeugungen und Wahrheiten beschäftigen. Wie und wodurch wurden sie geprägt? Wie und wodurch wurden sie zu „unseren Wahrheiten"? Denn für uns sind es ja „Wahrheiten", die wir da so hartnäckig verteidigen.

Darf ich Sie in diesem Sinne zunächst mit einer ganz banalen Frage konfrontieren, auch wenn Sie deren Inhalt sicher ein wenig überrascht? *„Ist es für einen Mann besser, mit drei Frauen gleichzeitig verheiratet zu sein, oder ist die Ehe mit einer einzigen Frau empfehlenswerter?"*

Das gilt natürlich auch umgekehrt für Frauen, und wenn Sie wollen, können Sie – dem Trend folgend – diese Frage natürlich auch auf gleichgeschlechtliche Partnerschaften anwenden. Das Problem bleibt dabei das gleiche, und ich muss zugeben, dass ich darauf keine endgültige Antwort weiß.

**Das eine kann genauso richtig sein wie das andere.**

Sollten Sie es tatsächlich schaffen, in unserem Kulturkreis mit drei Frauen gleichzeitig verheiratet zu sein, werden Sie irgendwann wegen Bigamie im Gefängnis sitzen. Sollten Sie es in einem anderen Kulturkreis hingegen nicht schaffen, mit wenigstens drei Frauen gleichzeitig verheiratet zu sein, sind Sie ein gesellschaftliches Nichts. Zu einem solchen Paradigmenwechsel benötigen Sie lediglich wenige Flugstunden.

Also der wichtigste Faktor, der zunächst einmal unsere Wahrheit prägt, ist der Kulturkreis, in den wir hineinwachsen, und dazu zähle ich der Einfachheit halber auch die darin vorherrschende Religion. Nicht so ganz korrekt. Ein Kulturkreis kann natürlich durchaus unterschiedliche religiöse Ausrichtungen haben. In dem Fall können wir allerdings sicher sein, dass jede der unterschiedlichen Ausrichtungen sich im Besitz der einzigen Wahrheit sieht und deshalb um die Vorherrschaft ringt. An diesem Punkt sind sie dann alle wieder gleich.

Wurden wir als Christ geboren und erzogen, ist das Christentum unsere Wahrheit. Wurden wir als Muslime geboren und erzogen, liegt unsere Wahrheit im Koran. Kann es aber sein, dass wir bereits von Geburt an richtig oder falsch liegen? Worin läge dann unsere Schuld, den falschen – oder umgekehrt unser Verdienst – den richtigen Glauben zu haben? Wo läge da die Gerechtigkeit eines wie immer gearteten Gottes, wenn er uns von Geburt an einen falschen Platz zugewiesen und damit chancenlos gelassen hätte?

Direkter Vermittler der Prägungen und Konditionierungen, denen wir ausgesetzt sind, ist aber nicht nur das generelle Umfeld, in das wir hineingeboren wurden. In einer ganz besonderen Weise sind es natürlich unsere eigenen Eltern. Von ihnen lernen wir zunächst einmal das, was ganz normal, was richtig und was falsch ist. Ihr Verhalten ist unser erster Anhaltspunkt. Sie sind unser erstes Vorbild, und sie werden nicht müde uns beizubringen, dass wir es doch bitte ebenso machen und ebenso sehen sollten wie sie. Schließlich haben sie ihre eigenen schmerzhaften Erfahrungen machen müssen, und diese wollen sie uns ersparen. Lieb gemeint, aber der Anfang unendlicher Probleme, denn nichts ist so weiterführbar, wie es einmal war.

Mit zunehmendem Lebensalter weitet sich dann das uns prägende Umfeld immer weiter aus. Schule, Freunde, Sport, politisch oder religiös ausgerichtete Gemeinschaften sorgen für – im wahrsten Sinne des Wortes – „zusätzliche Eindrücke". Es wird Weiteres in uns hineingedrückt. Das Phänomen dabei ist, dass sich dadurch nicht auch das Bild unserer Grund-Wahrheiten ausweitet, dass wir dadurch vielleicht flexibler werden. Ganz im Gegenteil. Normalerweise wird unser Bild dadurch noch enger und einseitiger. Muslime oder Christen, die in der jeweils anderen Kultur leben, werden in der Regel in der Ausübung ihres Glaubens extremer statt flexibler. Erst ganz allmählich kann es zu einer möglichen Aufweichung der Positionen kommen. Dies hängt mit einem sehr einfachen Mechanismus unseres Unterbewusstseins zusammen, der auf allen Ebenen gleichermaßen Gültigkeit hat.

*Wenn unser Unterbewusstsein eine einmal gefundene Wahrheit gespeichert hat – und dies passiert bereits in unserer Kindheit –, addiert es dieser Wahrheit alles hinzu, was dazu passt, und blockiert im Gegenteil alles, was dieser Wahrheit entgegensteht.*

So wird die einmal gefundene Wahrheit immer mächtiger. Täglich finden wir scheinbare Beweise für die Richtigkeit „unserer" Wahrheit. Natürlich könnten wir auch Beweise für das Gegenteil finden, aber die sortiert unser Unterbewusstsein fein säuberlich aus. Sie haben keine Chance, in unser Bewusstsein vorzudringen.

Wer z. B. vor fünfzehn Jahren in ein palästinensisches Flüchtlingslager hineingeboren wurde, ist in einer Wahrheit aufgewachsen, die bis zum heutigen Tag von Hass und Gewalt geprägt ist. Es ist „seine" erfahrene Wahrheit. Für diese Wahrheit geht er auf die Straße, wirft Steine gegen Panzer oder geht als Selbsmordattentäter den direkten Weg zu Allah. So sagt es jedenfalls seine Wahrheit. Eine Wahrheit, in der selbst das Morden zur „heiligen Pflicht" werden kann. Verrückte Welt.

Kein Vorwurf an die Palästinenser oder den Islam. Christen und auch andere Religionen waren da nicht viel zimperlicher, auch wenn sie noch nicht über die heutigen Möglichkeiten zur Gewalt verfügten. Zu allen Zeiten wurden Religionen für Machtinteressen missbraucht, wurde in deren Namen gemordet, gebrandschatzt und vergewaltigt.

Nun möchte ich Sie mit einem meiner Lieblingsgedanken konfrontieren: Stellen Sie sich einmal vor, das Leben eines Palästinensers, der vor fünfzehn Jahren in einem Flüchtlingslager geboren wurde, wäre ganz anders verlaufen. Seine Eltern wären kurz nach seiner Geburt bei einem Raketenangriff ums Leben gekommen und er wäre über eine internationale Organisation von einer Schweizer Familie adoptiert worden und dort aufgewachsen. Wie stände er jetzt da? Er wurde nachweislich in Palästina geboren. In ihm fließt nachweislich palästinensisches Blut, wie man so schön sagt, und trotzdem wird er zu ganz anderen Wahrheiten gefunden haben. Was sind also unsere Wahrheiten in Wirklichkeit wert? Nichts?

***Unsere Wahrheiten sind keine Wahrheiten. Wir halten sie lediglich für Wahrheiten. Sie sind lediglich das Ergebnis unserer Konditionierungen.***

Wenn wir dies verinnerlichen, wenn wir bereit sind anzuerkennen, dass es auch ganz anders sein könnte, haben wir keinen Grund mehr, uns wegen unserer unterschiedlichen Wahrheiten in Feindschaft gegenüber zu stehen. Wir lernen loszulassen, was ohnehin fragwürdig ist. Und unsere Wahrheiten sind allesamt fragwürdige Wahrheiten. Wir kämpfen nicht mehr an den falschen Stellen. Konflikte beginnen immer damit, dass sich jemand im Besitz der Wahrheit wähnt und es nicht verstehen kann, dass sein

Gegenüber dies nicht endlich auch einsehen will. Wenn es dann noch „meine" Frau oder „meine" Kinder sind, die nicht einsehen wollen, ist der Stoff für ein Drama gegeben.

*Ich kann dich nicht verstehen!*

Eine solche Äußerung ist immer wahr. Wir können einen anderen nicht verstehen. Wir können nicht so denken und fühlen wie er. Unsere unterschiedlich gewachsenen Wahrheiten sind unvereinbar, und daran ist weder unser Gegenüber noch wir selbst in irgendeiner Weise schuld. Es sind unsere individuellen Konditionierungen, die zu unseren unterschiedlichen Wahrheiten und damit auch zu unterschiedlichen Denk- und Verhaltensmustern geführt haben. Unsere Muster entspringen genauso subjektiven Wahrheiten, wie die Denk- und Verhaltensmuster unseres Gegenübers seinen subjektiven Wahrheiten entspringen.

Wenn wir dies gelten lassen und unseren Anspruch auf alleinigen Besitz der Wahrheit fallen lassen, können wir mit jedem Menschen in Frieden leben. Es gibt in Bayern den wunderbaren Satz „Wer's mog …". In diesen zwei Wörtern liegt eine ungeheure Weisheit. Wer es so mag, der mag es eben so, und wer es anders mag, der mag es eben anders. Diese zwei Wörter sind zu so etwas wie meiner Standard-Antwort geworden, wenn wieder einmal jemand nicht verstehen kann, wie ein anderer etwas so macht, so denkt, so fühlt oder vielleicht auch nur ausspricht.

Noch einmal. Es geht nicht darum, dass wir unsere Überzeugungen wegwerfen und unser Mäntelchen nach dem Wind hängen. Auch ich lebe meine Überzeugungen, aber ich lasse ebenso die Überzeugungen anderer gelten. Ich weiß, dass ihre Wahrheiten nicht mehr oder weniger Wert haben als meine eigenen Wahrheiten. Dies macht den alles entscheidenden Unterschied. Ich bin auch gerne bereit, über unsere unterschiedlichen Wahrheiten zu diskutieren. Dies kann ungeheuer befruchtend sein, wenn … ja, wenn wir bereit sind, auch wirklich zuzuhören. Wenn wir uns nicht gegenseitig missionieren wollen. Wenn wir bereit sind, unsere Wahrheit ebenso in Frage zu stellen, wie unser Gegenüber dazu bereit sein sollte. Nur dann hat Diskussion einen Sinn. Andernfalls ist sie nichts als Zeitverschwendung. Mein geliebtes „wer's mog", das eine solche Zeitverschwendung verhindert, ist da wesentlich fruchtbarer.

Wenn z. B. Politiker über den richtigen Weg streiten, macht das grundsätzlich einen Sinn. Diskussion ist das Privileg einer Demokratie. Eine politische Auseinandersetzung wird allerdings dann zur Farce, wenn es nur noch darum geht, Recht zu behalten, wenn Argumente des Gegners schon allein deshalb nicht richtig sein können, weil sie eben von dort und nicht aus den eigenen Reihen kommen. Wenn eine sogenannte Debatte zur Show wird, auf der es nur noch um Selbstdarstellung geht. Wenn das ehrliche Ringen um den besten Weg verloren geht und es nur noch ein Ringen um die eigene Macht ist. Menschen spüren diese leider oft zu beobachtende Unehrlichkeit und wenden sich immer mehr von der Politik ab. Politik wird in dem Grade unglaubwürdig, wie ihre Repräsentanten unglaubwürdig werden.

*Es gibt viele Schulen, in denen man das Reden lernen kann. Noch wichtiger jedoch wären Schulen, in denen man das Zuhören lernt.*

Voraussetzung zu wirklichem Zuhören ist die Bereitschaft, die eigene Wahrheit, das eigene Selbstbild und die eigene Vorstellung darüber, wie etwas zu sein hat, loszulassen – oder zumindest in Frage zu stellen. Dies gilt im Größten wie im Kleinsten. Auch in den meisten Familien kann niemand mehr zuhören. Die Rollen sind verteilt, und eine mögliche Aufweichung wird als Schwäche gewertet. Nur nicht schwach werden, nur keine Autorität verlieren. Wie würde ich dann dastehen? Die Antwort kann ich gerne geben. Sie würden besser dastehen als vorher. Wirkliche Souveränität und Autorität entsteht daraus, über den Dingen zu stehen und nicht darin zu stecken, flexibel statt starr zu sein.

Ich erinnere mich noch sehr genau an den ersten deutschen Bundeskanzler Konrad Adenauer. Niemand wird ihm nachsagen wollen, ein Schwächling gewesen zu sein. Er wusste sehr genau, was er wollte. Er hatte ein klares Bild von sich selbst, von seinem Land und dessen Platz in der Welt. Aber bei allen klaren Vorstellungen blieb er flexibel. Dies war seine eigentliche Stärke. Von ihm stammt der berühmte Satz: „Was stört mich mein Geschwätz von gestern", und als er von der Opposition wegen einer scheinbaren politischen Kehrtwendung scharf angegriffen wurde, meinte er trocken: „Aber meine Damen und Herren von der Opposition, Sie wollen mir doch nicht verbieten schlauer zu werden." Das war gelebte Souveränität und völlig unabhängig davon, ob man ihn nun mochte oder nicht.

**Das Harte und Starre ist ein Zeichen des Todes. Das Weiche und Flexible ist ein Zeichen des Lebens.**

Es ist ein mehr als fragwürdiges Selbstbild, sich keinen Fehler leisten zu dürfen, nicht nachgeben zu dürfen, keine Schwäche zeigen zu dürfen. Wie unmenschlich gegen sich selbst! Wer dies so zelebriert, entzieht sich dem Fluss der Schöpfung. Er entzieht sich dem so notwendigen Austausch des Gebens und Nehmens. Er kann nicht nehmen, ohne zu fürchten, dass dies als Schwäche ausgelegt wird. Also spielt er so lange den starken Geber, bis er nichts mehr zu geben hat, bis er leergelaufen ist. Es gibt sehr eindrucksvolle Beispiele für solches Verhalten.

Frau Dr. med. Kübler-Ross, eine von mir hochgeachtete Pionierin auf dem Gebiet der Sterbeforschung, zwang das Schicksal erst in ihrem fortgeschrittenen Alter zu dieser Erkenntnis. Ein Leben lang war sie für andere da. Sie war besessen von ihrer Arbeit (eine besondere Form der Abhängigkeit). Sie reiste von Seminar zu Seminar, sie gab Workshop an Workshop. Sie gab und gab und gab …, bis ihr Körper sie ins Abseits stellte. Nun musste sie umgekehrt lernen zu nehmen. Sie konnte nicht einmal mehr sich selbst etwas geben. Sie musste lernen, sich so anzunehmen, wie sie war. Gelähmt! Sie musste massiv das lernen, was sie vorher ebenso massiv versäumt hatte. Die Prinzipien der Schöpfung machen keine Ausnahme. Die Balance wird immer wieder hergestellt, auch wenn wir zeitweise diese Balance noch so sehr durcheinander bringen.

In diesem Sinne sollten wir unser Verhalten, sollten wir das Bild, das wir von uns selbst und der Welt haben, mit einem gewissen Abstand betrachten. Wir sollten damit beginnen, uns nicht mehr so ernst zu nehmen. Was kann an einer Sache ernst sein, die rein subjektiver Natur ist? Stellen Sie sich noch einmal vor, Sie wären als Baby vertauscht worden und ganz woanders aufgewachsen. In welchen sogenannten Wahrheiten würden Sie dann heute leben?

*Wenn wir mit innerlichem Schmunzeln auf unser eigenes Verhalten und auf das Verhalten anderer schauen und alles nicht mehr so ernst nehmen, sind wir der wirklichen Wahrheit ein Stück näher gekommen. Wir beginnen endlich, ein wenig weise zu werden.*

Leider gibt es zu wenig weise Menschen, und gerade an den Stellen, wo man sie dringend brauchen würde, in einem Gericht zum Beispiel, sind sie offensichtlich Mangelware.

Auch ein Richter – gleichgültig auf welcher Ebene – ist in erster Linie ein Mensch, der nach den gleichen Mechanismen funktioniert wie jeder andere Mensch auch. Auch er hat „seine Wahrheiten", und diese Wahrheiten entsprechen wiederum exakt seinen persönlichen Konditionierungen. Die Gesetze geben ihm lediglich einen Rahmen. In diesem gegebenen Rahmen handelt er seinen Wahrheiten entsprechend, und dies kann für den Rechtsuchenden zum Vorteil oder zum Nachteil werden.

Wurde ein Richter als Kind eher konservativ erzogen, zu Ordnung und Disziplin angehalten, wurde er z. B. dazu gedrillt, auf seine äußere Erscheinung zu achten und immer korrekt gekleidet zu sein, und wir kommen in ausgefransten Jeans, mit relativ ungepflegten Haaren und legerem, offenem Hemd zur Verhandlung, haben wir – völlig unabhängig von unserer Verhandlungssache – von vornherein schlechtere Karten, als würden wir seinem Bild von einem ordentlichen Menschen entsprechen. So wie wir sehen für ihn Menschen aus, denen er nicht glauben kann. Schon seine Mutter hatte ihn immer vor solchem Umgang gewarnt. Und wenn wir dann noch vorbestraft sind, ist dies eine weitere Bestätigung seiner Wahrheit, und sein Urteil wird entsprechend ausfallen.

Ist ihm daraus ein Vorwurf zu machen? Nein! Er kann sich noch so sehr um Objektivität bemühen, seine auf der unbewussten Ebene gespeicherten Wahrheiten spielen immer mit. Wenn sich bewusste und unbewusste Ebene gegenüberstehen, siegt immer und ausnahmslos die unbewusste Ebene. Die auf der unbewussten Ebene gespeicherten sogenannten Wahrheiten sind stärker als die analytische Arbeit der Verstandesebene. Dies ist ausnahmslos in jeder Situation und bei jedem Menschen so. Wenn wir darum wissen, können wir diese Mechanismen für uns – statt gegen uns – wirken lassen.

Mitte der siebziger Jahre, als ich mir ein eigenes Unternehmen von null auf ca. 60 Mio DM Umsatz aufgebaut hatte, leistete ich mir das Vergnügen, einen schwarzen Lamborghini-Miura zu besitzen. 360 PS stark und 280 km/h schnell, Höhe ungefähr ein Meter. Dieses Auto war eine absolute Provokation, und die Provokation, die es aussendete, kam auf direktem Weg zu mir zurück. Ich bin noch nie so oft von der Polizei angehalten worden wie in diesem Auto, obwohl ich noch nie so korrekt gefahren bin wie in diesem Auto. Wenn mich ein VW-Käfer bei erlaubten 50 km/h mit 80 km/h überholte, während ich lediglich 60 km/h fuhr, wurde nicht er, sondern ich angehalten. Man freute sich offensichtlich auf fettere Happen als auf Käfer.

Und wenn es keinen konkreten Grund gab, mich anzuhalten, wurde eben eine Fahrzeugkontrolle durchgeführt. Licht, Bremsleuchten, Blinklicht rechts, Blinklicht links, Reifenprofile und -größe usw. usw. Ich weiß nicht mehr, wie oft ich diese Prozedur über mich ergehen lassen musste. Selbst an Autobahnraststätten wurde ich herausgepickt. Als ich einmal von der Erledigung menschlicher Bedürfnisse zurückkam, umringten mehrere Polizisten mein Auto und vermaßen die Reifenprofile. Natürlich zusätzlich wie immer: Blinklicht rechts, Blinklicht links, Aufblenden, Abblenden usw. usw.

Das Bild, das dieses Auto für das Unterbewusstsein eines Polizisten aussendete – Reichtum, Schnelligkeit, Überlegenheit, Macht – provozierte offensichtlich dazu, mir das Gegenteil zu beweisen. Es war sozusagen eine Einladung zur Demonstration der eigenen Macht, auch wenn diese lediglich auf einer Uniform beruhte. Dem zeigen wir's mal, wer ist der Fatzke eigentlich, hat ihm wohl sein Papi gekauft? Ganz normal, wenn man um die Dinge weiß. Damals wusste ich nicht darum und habe das Auto nach kurzer Zeit wieder verkauft.

Heute habe ich das Problem nicht mehr. Ein älterer Herr in einem dunkelblauen Rover 75 ist keine Provokation. Er wird so gut wie nie angehalten, und der korrekte Zustand aller Leuchten und Bremsen und auch des Reifenprofils werden wohl ganz normal unterstellt.

Die Menschen reagieren auf das Bild, das wir aussenden – so oder so. Die Reaktion ist allein abhängig von deren Konditionierungen, von deren relativen Wahrheiten. Wir können einmal freundlich angenommen und ein andermal schroff abgelehnt werden, obwohl unser Verhalten in beiden Fällen gleich war. Annahme oder Ablehnung sagen also nichts über uns – sie sagen etwas über die Konditionierungen der Gegenseite. Wir passen in deren Bild oder wir liegen daneben. Meine Empfehlung: Seien Sie, wie

Sie sind. Bleiben Sie sich selber treu und versuchen Sie nicht so zu sein, wie andere denken, dass Sie sein sollten. Es lohnt nicht.

Egal, was Sie auch tun. Es wird immer einen gewissen Prozentsatz Leute geben, die Sie mögen oder nicht mögen. Wenn Sie versuchen sollten, auch denen zu gefallen, die Sie jetzt nicht mögen, werden Sie dafür einige von denen, die Sie jetzt mögen, nicht mehr mögen. Selbst wenn Sie versuchen, so neutral wie ein unbeschriebenes weißes Blatt Papier zu sein, einige werden dieses Papier nicht mögen, weil nichts darauf steht.

*Also, seien Sie, wie Sie sind, und lassen Sie andere sein, wie sie sind. Seien Sie sich bewusst, dass sowohl Ihre eigenen wie auch deren Wahrheiten keine Wahrheiten sind, und die Welt wird auf wunderbare Weise ein wenig friedlicher.*

# Das Loslassen unserer Vorstellungen von Gott

Ich versichere Ihnen, dass ich ein tief gläubiger Mensch bin. Ich glaube an Gott. Und trotzdem kann ich Ihnen keine genauere Definition über das, was ich mit der Bezeichnung Gott verbinde, geben. Selbst wenn ich mich noch so anstrenge, mein kleiner, begrenzter menschlicher Verstand ist nicht in der Lage, die Größe und Unbegrenztheit dessen, was ich unter einem Gott zumindest erahne, zu beschreiben.

Das Instrument des Verstandes wie auch das Instrument der menschlichen Sprache sind für eine Definition Gottes höchst ungeeignet. Vielleicht würden wir uns völlig sprachlos verstehen, wenn wir z. B. von einem Berggipfel aus die Majestät, die Kraft, die Ruhe und die Souveränität der sich über dem Land erhebenden Sonne betrachten würden.

Jedes Wort zwischen uns wäre eine Störung. In unserer Sprachlosigkeit wären wir Gott näher, als wenn wir versuchen würden, darüber zu reden. Wir wüssten, ohne zu wissen. Wir wären ganz nahe und trotzdem noch unendlich weit entfernt.

Das Sinnbild der Sonne wäre natürlich auch in dieser Situation nichts anderes als eine typische Hilfskonstruktion für unseren Verstand. Die Sonne ist nicht Gott, und Gott ist nicht die Sonne, obwohl die Sonne im alten Ägypten als Gott „Ra" verehrt wurde. Nicht unpraktisch. So konnten die Menschen jeden Tag ihren Gott Ra sehen und seine Kraft spüren. Jedes Bild, jede Hilfskonstruktion, die wir uns mit unserem begrenzten Verstand von einem unbegrenzten Gott machen, ist gleichermaßen unzutreffend. Die Wahrheit ist, dass wir begrenzte Menschen das Unbegrenzte weder verstehen noch hinlänglich beschreiben können.

Können Sie z. B. die Unbegrenztheit des Universums wirklich verstehen? Ich kann es nicht. Ich weiß zwar, was gemeint ist, ich kann es auch zur Kenntnis nehmen, aber verstehen, als Leistung meines Verstandes, kann ich es nicht. Etwas, das nirgendwo anfängt, nirgendwo aufhört und trotzdem überall ist, gibt meinem Verstand keinen Anhaltspunkt. Er greift ins Leere.

Zu seiner Arbeit braucht unser menschlicher Verstand zwei Pole. Er ist im System der Polarität verhaftet. Laut und leise, schnell und langsam, hoch und tief, gut und böse, heiß und kalt, hell und dunkel, weit und nah usw. usw. Nur zwischen zwei Polen kann unser Verstand aufgrund seiner Aufzeichnungen zu einer Bewertung kommen. So bewertet er z. B. etwas als heiß, warm, lauwarm oder kalt, als schnell oder langsam, als gut oder böse. Nehme ich ihm nun die zu seiner Bewertung notwendigen Orientierungspole, entziehe ich ihm damit seine Arbeitsgrundlage. Er kann etwas – im wahrsten Sinne des Wortes – nicht verarbeiten. Er ist orientierungslos. Er kommt zu keiner Bewertung.

So wundert es nicht, dass sich die Menschen aller Zeiten ein Bild von Gott geschaffen haben, das für ihren Verstand verarbeitbar war. Sie brauchten eine Vorstellung, mit der sie etwas anfangen konnten. Die Vorstellung von Gott musste in ihr Leben integrierbar sein, oder sie verzichteten ganz auf eine Gottesvorstellung, wie dies z. B. im Buddhismus der Fall ist. Buddha wird nicht als Gott verehrt, sondern als ein Mensch, der den Weg zur Beendigung des Leids und der menschlichen Verstrickungen in das Rad der Wiedergeburt geschafft hat. Er ist sozusagen ein Vorbild. Er ist der gelebte Beweis einer Möglichkeit. Er steht für die Wahrheit eines religiösen Angebots.

Eine solche Vorbild- und Beweisfunktion können wir auch für Jesus gelten lassen. Er hat vorgelebt, was er als den Weg zum Vater bezeichnete, und dabei den Tod überwunden, wenn wir den Darstellungen seiner Auferstehung glauben. Seine Lehre war im

Prinzip nichts anderes als die Schaffung zweier Pole, innerhalb derer der Mensch sein Verhalten ausrichten konnte. Richtiges oder falsches Verhalten, himmelwärts oder höllenwärts führend. Damit wurde seine Lehre für den menschlichen Verstand verarbeitbar. Damit bot er die gesuchte Orientierung.

Jesus selbst hat sich nie als Gott gesehen oder bezeichnet. Er bezeichnete sich als Sohn Gottes oder als Menschensohn. Ich bin so unbescheiden, mich ebenfalls als einen Sohn Gottes zu betrachten, was nach meiner Ansicht auf jeden Menschen, gleichgültig ob männlich oder weiblich, zutrifft.

*Wenn Gott der allumfassende Ursprung oder die allumfassende Ursache ist, aus der alles stammt, was ist, was jemals war und was jemals sein wird, dann entstamme auch ich und dann entstammen auch Sie diesem göttlichen Ursprung. Wo sollten wir sonst herkommen?*

Wenn wir den Gedanken eines einzigen und allumfassenden göttlichen Ursprungs gelten lassen, dann kann Gott auch keine Mutter gehabt haben, oder diese Mutter wäre der Ursprung. Der erste Ursprung ist ursprungslos. Die Mutter Gottes, die uns die christliche Religion anbietet, ist aber deshalb nicht bedeutungslos. Sie ist ein wichtiger Aspekt des allumfassenden Gottes. Aber für unseren menschlichen Verstand ist es zu abstrakt, einen Aspekt Gottes anzubeten oder zu verehren. Das Bild einer Mutter, die dann ihren Sohn bittet, etwas für uns zu tun, ist da weitaus lebensnäher.

„Ach, Frau Müller, könnten Sie Ihren Sohn mal bitten, dass er bei mir vorbeischaut, wenn Sie ihn nachher sehen, da ist was mit dem Wasser nicht in Ordnung." Direkt hätten wir den Sohn nicht anzusprechen gewagt, aber wenn seine Mutter ihn für uns bittet...

*Ich kann mit meinem göttlichen Vater direkt reden. Was wäre er für ein Vater, wenn ich ihn nur auf Umwegen erreichen könnte.*

Aus der Sicht von Jesus haben wir alle denselben Vater, wobei der Begriff „Vater" auch wiederum nichts anderes als ein für unseren Verstand verarbeitbares Bild signalisiert. Wir brauchen solche Bilder. Deren Gebrauch ist völlig legitim, solange wir sie nicht mit der Wahrheit verwechseln, solange uns klar ist, dass sie lediglich symbolischen Charakter haben. Da schaut kein milde lächelnder älterer Herr, mit einem dicken Buch in der Hand, aus den Wolken. Trotzdem – wer's mog ... Sie kennen inzwischen meine geliebte bayerische Universalweisheit. Ich achte jeden Menschen in seinem Glauben.

Aber trotz unserer Begrenzungen gibt es eine Chance, zu einer etwas tieferen Einsicht von der unbegrenzten Größe Gottes zu gelangen. Diese Chance besteht darin, dass wir das dem Größten innewohnende und uns zunächst unverständlich erscheinende Prinzip am Prinzip des Kleinsten und für uns noch Durchschaubaren erkennen.

*Am Kleinsten können wir erkennen, was im Größten Gültigkeit hat. Die Gesetzmäßigkeiten der Schöpfung sind auf allen Ebenen gleich.*

Das kleinste Atom funktioniert nach den gleichen Gesetzmäßigkeiten wie das gesamte All. Wenn ich z. B. eine Zelle meines Körpers analysiere, habe ich damit gleichzeitig ein Spiegelbild meines gesamten Körpers und auch des gesamten Kosmos. Das Prinzip des Entstehens und Vergehens, das Prinzip von Anziehung und Abstoßung z. B., der Aufbau der Atome, das Eingebundensein in ein übergeordnetes Prinzip usw. sind Merkmale, die immer und überall gleichermaßen zutreffen, im Größten wie im Kleinsten.

Einige Zellen meines Körpers sterben regelmäßig ab, und mit ebensolcher Regelmäßigkeit entstehen dafür neue Zellen. Sterne des Universums vergehen und neue Sterne entstehen. Die Eintagsfliege kommt und geht, und wenn sie gegangen ist, wird eine neue kommen. Nichts geschieht zufällig. Alles geschieht in der Ordnung.

Nun könnte man einwenden, dass man z. B. einen grausamen Krieg doch wohl kaum als Teil einer Ordnung ansehen kann. Dass man z. B. Hungersnöte, Erdbeben, Kindesmissbrauch, Unterdrückung usw. wohl kaum als „in der Ordnung" bezeichnen kann. Und trotzdem sind sie es, oder es gäbe sie nicht. Es gibt nichts außerhalb der Ordnung. Unsere Vorstellung von Gott muss groß genug sein, auch solche Dinge darin einordnen zu können. Allerdings fällt es unserem begrenzten menschlichen Verstand wieder einmal sehr schwer, darin eine Ordnung zu erkennen. Wir haben eine eigene Vorstellung von dem, was in Ordnung ist. Wenn wir auch nur für eine Stunde Gott sein dürften, würden wir sofort eine ganz andere Ordnung schaffen.

*Die allumfassende Ordnung liegt in der Gesetzmäßigkeit der Abläufe dieser Schöpfung. Auf unserer Erde gilt vor allem das Gesetz der Polarität. Wenn es zu allem, was es gibt, nicht auch die gegenteilige Möglichkeit gäbe, wäre die Schöpfung Erde nicht komplett. Wir hätten keine Entscheidungsfreiheit.*

Selbst wenn wir ganz auf die Vorstellung eines ordnenden Gottes verzichten und alles auf einen zufälligen Urknall zurückführen, ändert dies nichts an dem, was wir beobachten können. Wenn alles aus einem Urknall stammt, dann muss das Prinzip, oder nennen wir es die Substanz des Urknalls, auch in allem enthalten sein, was aus diesem Urknall entstanden ist. Wo sollte es sonst herkommen?

Die Frage ist nur, ob wir diesen Urknall als reinen Zufall oder als die bewusste Ursachensetzung einer Macht von so unvorstellbarer Größe betrachten, dass wir sie nur als Gott bezeichnen können. Ich bevorzuge die Version einer göttlichen Urheberschaft und fühle und erlebe täglich das Prinzip und den Geist Gottes in mir.

Jede Zelle meines Körpers z. B. kann mit Fug und Recht behaupten, dass sie von mir stammt und unverwechselbarer Bestandteil meines Körpers ist. Sie enthält alle Informationen. Das Ganze meines Körpers, der unverwechselbare Blueprint, ist in jeder einzelnen Zelle enthalten. Den Beweis dieser Feststellung liefert uns heute die so genannte Genforschung. Wenn wir nun der Erkenntnis folgen, dass das Prinzip des Schöpfers auch in dem von ihm Geschaffenen enthalten ist, so können wir mit Fug und Recht sagen, dass das Prinzip unseres Schöpfers, dass auch der Geist Gottes in uns ist.

Obwohl eine einzelne Zelle nur ein milliardstel Teil meines vergänglichen Körpers darstellt, nimmt sie doch eine wichtige Aufgabe zur Erhaltung des Ganzen wahr. Wenn es sich um eine Leberzelle handelt, ist sie z. B. mit der Verarbeitung von Giftstoffen beschäftigt. Handelt es sich um eine Hirnzelle, hat sie ganz andere Aufgaben. Jede meiner Körperzellen kann nur ihren kleinen begrenzten Bereich erkennen und ausfüllen und befindet sich aus ihrer begrenzten Sicht heraus in einem unvorstellbar großen Universum – meinem Körper.

In diesem körperlichen Universum greift alles ineinander. Alles ist mit allem verbunden, und nichts geschieht zufällig. Die Sicht einer einzelnen Zelle meines Körpers ist nicht viel anders als unsere menschliche Sicht, wenn wir die gesamte Erde betrachten. Sind wir nicht auch so etwas wie eine einzelne Zelle dieser Erde? Und ist dann auch die Erde nicht so etwas wie eine einzelne Zelle des riesigen Universums?

Wenn ich nun versuchen würde, einer Zelle meines Körpers zu erklären, dass es noch Milliarden anderer solcher Körper-Universen gibt, die man als Menschen bezeichnet, dass es vor unserer Existenz schon Milliarden solcher Körper-Universen gegeben hat und auch nach uns noch Milliarden geben wird, dann würde sie das nicht verstehen können. Diese Dimension wäre unerreichbar für sie. Ebenso ergeht es uns, wenn wir Gott verstehen wollen.

Wir können nicht einmal die Unendlichkeit des Universums wirklich verstehen. Während ich an meinem Schreibtisch sitze und diese Gedanken formuliere, schaue ich auf unseren mir gegenüber liegenden Hausberg, die Kampenwand. Ich weiß, dass sich dort oben ein recht eindruckvoller Ameisenhügel befindet, den ich im Sommer einmal ausführlich beobachtet habe. Ein perfekt organisiertes Gemeinwesen, in dem jede Ameise ihre Aufgabe hat. Auch hier geschieht nichts zufällig. Auch hier greift alles perfekt ineinander. Ich weiß von diesen Ameisen, aber was wissen die Ameisen von mir?

Die Sicht der Ameisen ist noch begrenzter als meine Sicht. Für sie endet dieser Kosmos wahrscheinlich schon am Gipfel der Kampenwand und beginnt am Flüsschen Prien, das sie nicht überqueren können. Ich hingegen weiß, dass auf der anderen Seite der Alpen der italienische Stiefel beginnt und weit ins Mittelmeer hinaus ragt. Aber ich habe nicht die geringste Chance, dies den sonst so intelligent wirkenden Ameisen auch nur irgendwie nahe zu bringen. Ich könnte ihnen sogar von Afrika und Australien berichten oder etwas über die Oberflächenstruktur des Mondes sagen. Sie hätten nicht das Instrument, meinen Bericht auch nur annähernd zu verstehen. Und trotzdem sind sie in das Ganze eingebunden. Trotzdem bestimmt das Universum auch ihr Dasein. Sind wir angesichts der Unbegrenztheit nicht auch nur Ameisen?

Ich hatte einmal einen Traum, in dem ich das Universum als so etwas wie einen riesigen Körper empfand. Sichtbare Anhäufungen von Sternen, wie in der Milchstraße z. B., entsprachen in meinem Traum bestimmten Organen und Zentren meines Körper. Es gab so etwas wie eine Leber, ein Herz, einen Magen, einen Kopf, entsprechende Gliedmaßen usw. Das gesamte Universum war ein riesiger Körper, und jeder Stern darin war so etwas wie eine einzelne Zelle dieses Körpers. Vielleicht war das nicht nur ein Traum. Immerhin könnte es so sein, wenn wir das Größte am Kleinsten erkennen können, und an dieser Gleichung habe ich keinen Zweifel.

*Alles ist nur eine Frage der Dimension. Wenn wir aus unserer menschlichen Perspektive die Erde betrachten, ist sie etwas Großes. Wenn wir die Erde als eine einzelne Zelle eines kosmischen Körpers sehen, ist sie etwas Winziges.*

Was ist richtig? Wir werden es erst erkennen, wenn wir die Begrenzung unseres menschlichen Körpers hinter uns gelassen haben. Immerhin hat sich unsere menschliche Perspektive in den letzten zweihundert Jahren gewaltig erweitert. Also was lernen wir aus unseren Betrachtungen?

*Welche Vorstellung wir mit unserem begrenzten Verstand auch immer von Gott entwickeln, welche Überlegungen wir auch immer anstellen, sie sind gleichermaßen unzureichend. Kein menschliches Wesen ist im Besitz der Wahrheit über Gott.*

Mit unserem Verstand ist Gott weder erkennbar noch analysierbar. So können wir ohne Schwierigkeiten jedes Gottesbild gelten lassen, können unseren Anspruch, den einzig wahren Gott zu kennen, ruhigen Gewissens loslassen. Niemand hat eine einzig richtige Gottesvorstellung.

Wenn alles aus einer einzigen Quelle stammt, dann stammen auch die unterschiedlichen Religionen, Gottesbilder und Erklärungen aus dieser einzigen Quelle. Über allen Unterschieden, die von den jeweiligen Religionsverwaltungen hochgehalten und zur eigenen Wichtigkeit genutzt werden, gibt es eine gemeinsame Klammer. Diese Klammer ist Gott, gleichgültig, welchen Namen wir ihm geben.

*Wir sind „göttliche" Ameisen.*

# Was wir sonst noch alles loslassen sollten...

Wenn wir es recht betrachten, bleibt nach all dem, was wir gesagt haben, eigentlich nicht mehr viel übrig, an dem wir festhalten könnten. Diese Erkenntnis ist richtig, aber keinesfalls beängstigend. Ich erinnere noch einmal an den höchst segensreichen Effekt des Loslassens.

*Loslassen bringt einen Gewinn an innerer und äußerer Freiheit. Alles, was wir loslassen, lässt auch uns los. Alles, was wir festhalten, hält auch uns fest.*

Je weniger Ballast wir aber mit uns herumtragen, desto leichter fällt uns die Fortbewegung, desto leichter und ungehinderter können wir neue Wege beschreiten, desto flexibler und offener erkennen und nutzen wir unsere Chancen. Nur wer die Hände frei hat, kann ein Geschenk entgegennehmen. Nur wer die Arme öffnet, kann jemanden in die Arme schließen.

Und trotzdem gibt es ein paar Grundsätze, die – im Gegenteil zu unserer Feststellung des Gewinns durch Loslassen – einen Verlust an innerer und äußerer Freiheit bedeuten würden und die wir deshalb auf gar keinen Fall loslassen sollten.

*1. Bei aller Fragwürdigkeit unserer eigenen Wahrheiten haben wir das Recht, so zu sein, wie wir sind.*

*2. Niemand hat das Recht, uns seine Wahrheit aufzunötigen.*

*3. Kein sterblicher Mensch ist im Besitz der Wahrheit.*

Bei allem Wissen um die Fragwürdigkeit unserer eigenen Wahrheiten haben wir doch nichts anderes zur Verfügung als eben diese Wahrheiten. Wir können nur das leben, was wir für richtig halten. Wir können nur so denken und fühlen, wie wir nun einmal denken und fühlen.

Selbst wenn uns völlig bewusst ist, dass unser Denken und Fühlen lediglich das Resultat unserer Konditionierungen ist – wir haben das Recht, so zu sein, wie wir sind. Ein Lebewesen, das sich selbst ablehnt, kann nicht existieren. Wir können und müssen uns so annehmen, wie wir sind. Was allerdings nicht ausschließt, dass wir in diesem oder jenem Punkt an uns arbeiten. Aber „wir" arbeiten an uns – wir lassen nicht an uns arbeiten. Dies ist der entscheidende Unterschied.

Allerdings ist dies nicht als Aufforderung zur Selbstgefälligkeit zu verstehen. In jedem Fall sollten wir einen kritischen Abstand zu uns selbst bewahren. Sollten uns selbst von außen so betrachten, wie wir auch unsere Mitmenschen betrachten: kritisch, wohlwollend, verständnisvoll.

*Abstand zu uns selbst nehmen. Wie von außen auf das eigene Rollenspiel draufschauen und unser Denken und Handeln kritisch hinterfragen. Sich dabei immer bewusst sein, dass auch das Gegenteil richtig sein könnte!*

Und ebenso wie wir haben natürlich auch unsere Mitmenschen das Recht, so zu sein, wie sie sind. Auch unser engster Partner, auch unsere Kinder (spätestens wenn sie in das Erwachsenenalter kommen), auch unsere Eltern, der Nachbar, der Chef, der vielleicht rüpelhafte Taxifahrer usw.

*Erst wenn wir uns gegenseitig das Recht zugestehen, so zu sein, wie wir sind, und aufhören, uns wechselseitig von der Richtigkeit „unserer" Wahrheit überzeugen zu wollen, können wir miteinander in Frieden leben.*

Wenn wir diesen Grundsatz z. B. in einer Familie etablieren könnten, wäre diese eine der glücklichsten Familien der Welt. So einfach und doch so unendlich schwer.

Sie können sich z. B. über einen rüpelhaften Taxifahrer aufregen, Sie können seine Zentrale anrufen und sich beschweren, Sie können auch noch an das Fremdenverkehrsamt der Stadt oder der Gemeinde schreiben, oder Sie können einfach draufschauen und sich fragen: „Was mag er haben – was hat ihn geprägt – wie könnte ich ihm helfen?" Sie können sich auch noch fragen, was Sie vielleicht selbst damit zu tun haben. Ob Sie solches Verhalten eventuell provozieren oder sogar anziehen, auch ohne dass Sie einen Lamborghini fahren.

Sicher gehört ein Stück Abgeklärtheit und Lebenserfahrung dazu, die Grundakzeptanz des Andersseins aus innerster Überzeugung zu leben und in die Situationen des Alltags zu übertragen.

Aber wir können täglich trainieren, und ich versichere Ihnen, auch aus Ihrer Lebensbilanz wird sich eines Tages die Fragwürdigkeit Ihres Verhaltens und Ihrer Wahrheiten ergeben. Auch Sie haben Ihre Haken und Ösen, ob Sie nun Taxifahrer, Generaldirektor oder Hausfrau sind. Auch Sie wären dankbar, wenn dann jemand fragen würde: „Was mag er haben – warum schadet er sich selbst – wie könnte ich ihm helfen?"

Ein grundsätzliches Hinterfragen der eigenen Lebensumstände, des bisherigen Verhaltens ist meist in der Lebensmitte eines Menschen zu beobachten. Früher bezeichnete man dies als Midlifecrisis. Durchaus keine Krise – ganz im Gegenteil – etwas sehr Vernünftiges – eine wohlverdiente Chance. Schließlich haben Sie lange genug gestrampelt.

Oder Sie gehören zu denen, die sich selbst nie hinterfragen, die bis zur letzten Stunde Recht haben. Die Unbeugsamen, die Unfehlbaren. Dann haben Sie leider nichts gelernt und dürfen diese Schulklasse wiederholen. Keine Panik, mehr ist nicht passiert. Die Schöpfung dreht Sie solange herum und klopft Sie so lange weich, bis Sie verstanden haben. In dieser Schule gibt es keine

Ausnahmeregelung. Niemand kommt davon, bevor er nicht den letzten Heller bezahlt hat.

*Wir können jeden Tag trainieren, dem Ziel der Toleranz und Offenheit ein wenig näher zu kommen. Meine einfachste Trainingsempfehlung besteht aus den zwei kleinen bayerischen Wörtern: Wer's mog ...*

Aber auch dieses „Wer's mog ..." hat seine Grenzen. Die Grenzen sind da gesetzt, wo jemand mit seinem Verhalten in Ihre oder in die Rechte anderer eingreift. Wo er mit seinem Verhalten anderen Schaden zufügt oder sie in ihren Rechten einengt. Wenn jemand z. B. sexuelle Beziehungen zu Kindern bevorzugt, dann hat er keinesfalls das Recht dazu. Mag er es noch so mögen. Wir haben das Recht und sogar die Pflicht, unsere Kinder in jeder geeigneten Form vor ihm zu schützen. Hier gibt es kein „Wer's mog ..."

Mag allerdings jemand viel Salz in seiner Suppe, gönnen Sie ihm dieses Salz in der Suppe. Sie haben keinerlei Veranlassung, ihm klar zu machen, dass er seine Suppe ja völlig versalzt und wie schade das doch ist, da er nun gar nichts mehr schmeckt. Es ist allein seine Suppe, die er auch alleine auszulöffeln hat. Weder schadet er jemandem mit seinem Verhalten, noch greift er mit seinem Verhalten in die Rechte anderer ein. Oder wir beklagen den hohen Salzverbrauch, obwohl Salz heutzutage keinesfalls mehr zu den teuren Luxusgütern zählt. Wollen Sie entscheiden, was ihm zu schmecken hat?

Glauben Sie mir, mehr Unfriede zwischen den Menschen entsteht wegen solcher Nichtigkeiten als wegen der so genannten großen Dinge. Ich erlebe dies immer wieder in Ehe- und Partnerschafts-Therapien. Auch die Skala der Wichtigkeiten ist allein unsere Skala. Auch diese Skala entspricht unseren Konditionierungen, entspricht unseren subjektiven Wahrheiten.

*Was uns wichtig ist, kann und darf einem anderen völlig schnuppe bleiben. Er hat das Recht dazu. „Wer's mog ..."*

Ich möchte beispielhaft auch noch einige andere, relativ simple Denk- und Verhaltensmuster aufzeigen, von denen wir uns mit Sicherheit verabschieden sollten. Es sind gewachsene Vorstellungen, die wir von etwas haben, die damit unser Verhalten und unsere Meinung prägen und meist noch aus der Kindheit herrühren. Dazu zählt auch die recht weit verbreitete Arztgläubigkeit.

**Unsere Vorstellung:** *„Ein Arzt ist ein guter und studierter Mensch, der nur im Sinn hat, mich wieder gesund zu machen."*

**Die Realität:** *„Ein Arzt ist ein Unternehmer, der Gewinn machen muss, was ihm aber nur möglich ist, wenn ich krank bin."*

Was ich hiermit aufzeigen will, gilt natürlich für alle Heilberufe, und in einer gewissen Weise zähle ich ja auch selbst dazu. Wenn es keine Probleme mehr zwischen den Menschen gäbe, müsste ich verhungern oder zum Sozialamt gehen. Allerdings besteht kein Grund für mich, das baldige Herannahen eines solchen Zustandes zu befürchten.

Auch bitte ich alle weiblichen Leser um Verzeihung, wenn ich nicht bei jeder Gelegenheit das inzwischen übliche Arzt/in verwende. Ich finde solche Verrenkungen ziemlich albern. Jedermann weiß, dass die meisten Berufe inzwischen von Männern und Frauen gleichermaßen und mit gleichem Erfolg ausgeübt werden. Es hat nichts mit mangelnder Anerkennung oder Frauenfeindlichkeit zu tun, wenn ich die /ins und /tins nicht dauernd verwende.

**Also:** *Ein Arzt, Heilpraktiker, Physiotherapeut – oder welchen Heilberuf Sie auch immer nehmen – lebt davon, dass Sie krank sind. Er lebt nicht davon, dass Sie gesund sind. Wären Sie nur noch gesund, wäre er bald pleite.*

Nur wenn er genügend Krankengut hat, so bezeichnet man in diesem Zusammenhang seine Patienten, kann er seine Personal- und Praxiskosten decken, die angeschafften Geräte abbezahlen und seinen eigenen Lebensunterhalt sichern. Dies gilt gleichermaßen für klinische Einrichtungen.

Ein Arzt ist also in einer recht ambivalenten Situation. Auf der einen Seite unterstelle ich ihm gerne das redliche Bemühen, Sie schnell wieder gesund machen zu wollen – auf der anderen Seite kann er sich aber gerade das eigentlich gar nicht leisten. Sie sind viel zu wertvoll, als dass er mit einem einzigen oder nur wenigen Besuchen Ihrerseits zufrieden sein könnte. So gilt es jedenfalls für die überwiegende Mehrzahl der Arztpraxen.

Ich habe diese Problematik schon in meinem Buch „Die Kraft der Selbstheilung" angesprochen und damit einige ärztliche Freunde gründlich verärgert. Aber es macht keinen Sinn, die Augen vor dieser Problematik zu verschließen und so zu tun, als würde es immer noch den guten alten und selbstlosen Onkel Doktor geben. Oder hat man Ihnen in Ihrer Kindheit etwa nicht gesagt, dass der Onkel Doktor ein lieber Mann ist, vor dem man keine Angst haben muss und der das alles wieder heil macht? Ich habe inzwischen eine gewisse Angst vor Ärzten, und die stammt keineswegs aus meiner Kindheit.

Ärzte und auch andere Heilberufe müssen heute unternehmerisch denken, oder sie geraten in wirtschaftliche Schwierigkeiten. Sie sind in das ganz normale Wirtschaftsleben eingebunden. Krankheitsverwaltung und -bekämpfung ist ein riesiger Wirtschaftsfaktor. Würden auch nur 10% der Menschen weniger krank oder schneller wieder gesund werden, hätten wir ein zusätzliches Heer von Arbeitslosen und wirtschaftlichen Zusammenbrüchen. Das System muss sich zwingend selbst erhalten. Und dies tut es auch.

Als Patient bleibt Ihnen nichts anderes übrig, als das Spiel so anzunehmen, wie es ist, und ebenso zu denken. Lassen Sie Ihre idealisierten Vorstellungen von den Heilberufen los und sehen Sie diese Berufe als das, was sie sind – Dienstleister!

Nichts bleibt, wie es ist. Solange Sie noch in der guten alten Onkel-Doktor-Gläubigkeit verharren, die Verantwortung für sich selbst an der Praxistür abgeben und blind darauf vertrauen, dass es richtig ist, wenn der Doktor Sie alle vierzehn Tage einbestellt – er ist eben sehr gründlich –, sind Sie natürlich ein sehr nützlicher und geschätzter Patient. Es ist allerdings schwer festzustellen, wer wem in diesem Fall mehr hilft – Sie ihm oder er Ihnen?

*Sehen Sie die Beziehung zu einem Arzt oder anderen Heilberufen so, wie Sie auch jede andere Beziehung zu einem Dienstleister zwangsläufig sehen müssen. Prüfen Sie Fach- und Sachkompetenz, holen Sie Gegenangebote ein, überprüfen Sie Preis-Leistungs-Verhältnis, Zuverlässigkeit, Verfügbarkeit, Freundlichkeit usw.*

Nun werden Sie einwenden, dass Sie nun mal leider nicht Medizin studiert haben, der Arzt also der Fachmann ist und Sie wohl kaum die Kompetenz haben, ihn zu überprüfen. Falsch. Sie haben die Kompetenz. Ja, „nur Sie" haben die Kompetenz. Nicht die Nachbarin oder die Kollegen mit ihren gut gemeinten Ratschlägen. „Sie" haben einen inneren Doktor – falls Sie ihn nicht inzwischen mundtot gemacht haben –, und daraus entwickelt sich ein untrügliches Gefühl für das, was Ihnen nutzt und was Ihnen schadet. Haben Sie den Mut, dem zu folgen. Akzeptieren Sie nichts gegen Ihr Gefühl. Bleiben Sie der Hausherr in Ihrem Körper.

Vielleicht werden Sie auch einwenden, dass ja sowieso die Kasse für Sie bezahlt. Verzeihung, die Kasse sind Sie. Sie zahlen über Ihren meist steigenden Beitrag das, was durch unkritisches Verhalten der Patienten verschleudert wird. Leider unterstützt das Pflicht-Kassensystem diese Schwachstelle. Ich finde es unmöglich, dass einem Kassenpatienten die Kenntnis über das, was sein Arzt für seine Behandlung berechnet, verweigert wird und die

Kassenärzte sich über die kassenärztliche Vereinigung selbst kontrollieren. Eine Einladung zur Selbstbedienung, die in einigen gerichtsbekannten Fällen auch eifrig genutzt wurde. Zumindest die Arbeit einer bewundernswert schlagkräftigen Lobby. Aber kein Grund, die Umstände zu beklagen.

*Die alte Vorstellung loslassen, die neue Situation annehmen und das eigene Verhalten danach ausrichten ist die bessere Lösung.*

Sie können sehr viel ausrichten, indem Sie ein mündiger und kritischer Patient werden. Ein Recht, von dem Sie nicht einen Zentimeter loslassen sollten. Wenn Sie etwas nicht verstehen, wenn Sie bei einer Sache kein gutes Gefühl haben, wenn Sie mit einer Behandlung nicht einverstanden sind, fragen Sie so lange nach, bis Sie eine Erklärung bekommen, die Sie innerlich mittragen können, oder lehnen Sie dankend ab. Wenn Sie an einer Maßnahme zweifeln, nutzt sie sowieso nichts. Am besten wechseln Sie den Arzt und hören sich an, wie ein anderer die Angelegenheit beurteilt und was er vorschlägt. Es gibt genügend Ärzte.

In diesem Sinne berichte ich Ihnen gerne von einer Erfahrung, die ich selbst unlängst machen musste. Das Leben selbst ist aussagekräftiger als jede Theorie.

Es fing ganz harmlos an. Ich suchte eine kardiologische Gemeinschaftspraxis in unserer Kreisstadt Rosenheim auf, weil ich ein recht seltsames Gefühl in der Herzgegend verspürte. Obwohl ich mit verschiedenen Techniken mein Herz sehr gut selbst beeinflussen kann, wollte ich es zur Sicherheit doch auch einmal untersuchen lassen, somit auch die Meinung der Schulmedizin einholen und dann entscheiden, was zu tun sei.

Niemand ist im Besitz der alleinigen Wahrheit. Es wäre eine recht unkluge Einschränkung, nicht alle Möglichkeiten nutzen zu wollen, obwohl mir die Betrachtungsweise der naturheilkundlichen Medizin wesentlich näher steht.

Schon der erste Besuch in dieser Praxis war irgendwie beklemmend für mich. Die Atmosphäre dieser Herzpraxis war alles andere als herzlich. Ein zwischen verschiedenen Untersuchungs-Zimmern hin- und her hetzender Arzt, der zudem ständig über Handy angefunkt wurde, und ziemlich unfreundliche und distanzierte Helferinnen. Sie schienen der Überzeugung zu sein, die unverdiente Gnade ihrer Zuwendung recht sparsam verteilen zu müssen. Jeder Versuch meinerseits, die Atmosphäre etwas aufzulockern und auch mal eine nette Bemerkung zu machen, blieb erfolglos.

Als diese Unfreundlichkeit dann noch in einem späteren Telefonat fortgesetzt wurde, schrieb ich in guter Absicht einen Brief an den Arzt, der mich behandelt hatte, um ihm meine Eindrücke aus Patientensicht zu schildern. Ich war in meinem Leben immer dankbar, wenn mir jemand Eindrücke aus einer Perspektive schilderte, die mir selbst nicht offen stand. Daraus konnte ich nur lernen. Es sei denn, man fühlt sich so gottähnlich, dass es nichts zu verbessern gibt.

Bei meinem nächsten Besuch reagierte er dann auch sehr vernünftig auf diesen Brief und sagte mir, dass ich ausgerechnet an eine Helferin geraten sei, mit der sie auch intern schon Schwierigkeiten hätten. Mein Eindruck war also nicht falsch. Einen Dank oder eine Entschuldigung auszudrücken, hielt er allerdings nicht für erforderlich.

Wir verblieben in diesem Gespräch so, dass er meine Unterlagen nach Auswertung eines Langzeit-EKG an das Deutsche Herzzentrum in München schicken wollte, wo in meinem Herzen der Auslöser einer inzwischen aufgetretenen Herz-Rhythmusstörung mittels einer einzuführenden Sonde verödet werden sollte. So jedenfalls die Meinung dieses Arztes. Das Herzzentrum hätte allerdings einen Terminvorlauf von 4–5 Wochen. Ich müsse also etwas Geduld haben.

Ich wartete zwei ganze Monate geduldig, bis ich mich entschloss, ein Fax an den Arzt zu schicken und um Überprüfung der Angelegenheit zu bitten, da ich noch keinerlei Lebenszeichen vom Herzzentrum erhalten hätte. Ich konnte mir nicht vorstellen, dass von dort nicht einmal der Eingang eines Antrags bestätigt werden sollte. Auf dieses Fax an die Praxis in Rosenheim erhielt ich leider keine Antwort.

Nach einer weiteren Woche des Wartens wandte ich mich dann selbst an die zuständige Abteilung des Deutschen Herzzentrums in München, wo mir eine sehr hilfsbereite und freundliche Dame des Sekretariats mitteilte, dass leider keinerlei Unterlagen von mir vorhanden seien. Sie recherchierte auch in anderen Abteilungen, um eine Fehlleitung der Unterlagen auszuschließen. Die Dame machte mir den Vorschlag, meinerseits die behandelnde Arztpraxis zu bitten, die Unterlagen nun unverzüglich per Fax zu übermitteln. Nach Eingang derselben wollte sie mich dann umgehend mit einem Terminvorschlag zurückrufen. Welch ein Klimawechsel!

Ich rief also besagte Praxis an, wo man mir mitteilte, dass der Arzt, der mich behandelt hatte, in dieser Woche leider nicht im Hause sei. Ich verwies auf mein Fax, das schon seit der Woche davor dort vorliegen musste, und bat die Dame um Überprüfung des Eingangs, was sie erst tat, nachdem ich laut und deutlich die unverzügliche Einschaltung der Ärztekammer androhte. Sie teilte mir mit, dass dieses Fax noch auf dem Schreibtisch des Herrn Doktor liege, dass sie aber nun die benötigten Unterlagen unverzüglich an das Herzzentrum faxen werde, was dann auch offensichtlich geschah.

Wenige Stunden später rief mich ein Arzt des Herzzentrums an, der den Eingang bestätigte und noch einige zusätzliche Fragen wegen der Symptome an mich stellte. In beiderseitigem Einverständnis vereinbarten wir zunächst ein Beratungsgespräch, zu dem ich direkt anschließend einen Terminvorschlag von seinem Sekretariat erhielt. Eine Fürsorge und Freundlichkeit, die das genaue Gegenteil meiner Erfahrung in Rosenheim darstellte. Es geht also auch anders.

Schauen wir uns einmal die Fakten dieser Geschichte an. Ein Arzt versäumt es zwei Monate lang, dringend benötigte Unterlagen an eine Klinik zu schicken. Was hätte er eigentlich gemacht, wenn mir in der Zwischenzeit etwas passiert wäre? Der Patient wartet damit vergeblich auf einen dortigen Termin. Auch nach Rückfrage über Fax erhält der Patient von diesem Arzt keinerlei Stellungnahme. Der Arzt lässt das Fax, welches an einem Dienstag, 9.30 Uhr, bei ihm eintrifft, während des Restes der Woche unbearbeitet liegen, obwohl er weiß, dass er in der darauffolgenden Woche nicht in der Praxis ist.

Wenn Ihnen dies bei einem Handwerker passiert, mögen Sie zwar beklagen, dass heute leider keinerlei Verlass mehr auf Handwerker ist, aber irgendwie werden Sie das noch hinnehmen. Sie werden sich nach einem anderen Handwerker umsehen. Sie hatten ja ohnehin schon Ihre Meinung über die Unzuverlässigkeit von Handwerkern.

Wenn Ihnen dies jedoch bei einem Arzt passiert, bei dem es um Ihre Gesundheit geht, ist so etwas nicht hinnehmbar. Die ärztliche Fürsorgepflicht wurde hier – nach meinem subjektiven Empfinden – in sträflicher Weise verletzt. Ich habe mich in diesem Fall entschlossen, tatsächlich die zuständige Ärzteorganisation einzuschalten.

Ich bin kein braver Patient. Bei aller Toleranz gibt es hier kein „Wer's mog ..." Hier hat jemand massiv und fahrlässig meine Interessen verletzt. So etwas lehrt uns zwingend, das Bild vom guten Onkel Doktor, der nur unsere Gesundheit im Sinn hat, loszulassen. Vielleicht haben Sie schon ähnliche Erfahrungen gemacht? Ich freue mich über jede diesbezügliche E-Mail.

Trotzdem dürfen wir eine solche Erfahrung nicht verallgemeinern. Es gibt auch heute Ärzte, die mit hohem Einsatz den alten Idealen ihres Berufes folgen. Es sind leider nicht die, denen es wirtschaftlich besonders gut geht. Ohne in besonderer Weise unter den Artenschutz zu fallen, gehören sie doch einer aussterbenden Art an.

*Die Schöpfung ist ständiger Wandel. Nichts bleibt, wie es ist. Wenn wir diesen Wandel mitgehen, wenn wir loslassen und nicht festhalten, wenn wir Teil dieses Wandels werden und flexibel reagieren, sind wir in der bestmöglichen Position.*

Im vorliegenden Beispiel hieße dies:

1. Ärzte, die ihre antrainierte Gottähnlichkeit loslassen und zu einem Partner des Patienten werden.

2. Helferinnen, die sich bewusst sind, dass sie von den Patienten leben und nicht umgekehrt und dass freundliche Zuwendung allemal die beste Hilfe ist.

3. Patienten, die sich ihrer Rechte und ihrer Eigenverantwortung bewusst sind und ihrerseits im Arzt einen Partner und keinen Halbgott sehen.

*Nichts ist schlechter als früher. Es ist nur anders!*

Diesen Wandel könnten wir noch an vielen anderen Beispielen dokumentieren.

*Im Sport* z. B. kämpft niemand mehr ausschließlich um Ruhm und Ehre. Er kämpft um seinen Marktwert und seine damit verbundenen Einkünfte. Warum auch nicht, wenn dies in ehrlicher und offener Weise geschieht und nicht durch unehrlichen Patriotismus verschleiert wird. Zum Ruhme der Nation kämpft heute niemand mehr. Wenn eine sportliche Leistung für eine Nationalmannschaft nicht ausreicht, spielt man halt für eine andere Nation. Auch Nationalitäten können gewechselt werden, wenn es dem eigenen Weiterkommen förderlich ist.

*Im Berufsleben* müssen wir ebenfalls einige alte Zöpfe loslassen. Konnten wir früher noch davon ausgehen, dass wir unseren Beruf ein Leben lang ausüben, müssen wir heute darauf gefasst sein, den Beruf wechseln zu müssen. Alte Berufe verschwinden, völlig neue Berufe entstehen. Auch unsere Vorstellungen von geregelter Arbeitszeit, festem Urlaubsanspruch usw. werden wir wohl revidieren müssen.

*Im Privatleben* wird ebenfalls mehr Flexibilität von uns verlangt. Das Privatleben wird in Zukunft dem Arbeitsplatz folgen müssen und nicht umgekehrt. Wenn wir heute davon ausgehen, dass wir in dem Häuschen, das wir uns gebaut haben, den Rest unseres Lebens verbringen, kann es durchaus sein, dass es in unserer Region irgendwann keine Arbeit mehr für uns gibt. Auch der Gedanke, dass nach uns unsere Kinder dort wohnen werden, kann zu einer herben Enttäuschung werden.

*In der Altersversorgung* müssen wir unsere Vorstellung von einer gesicherten und ausreichenden Rente, für die wir ja schließlich gearbeitet haben, loslassen. Wir können uns in Zukunft nicht mehr allein auf den Staat verlassen. Die Kassen sind leer und werden sich durch die Verschiebung der Altersstruktur der Bevölkerung immer weiter leeren.

Nichts bleibt in dieser Schöpfung auch nur eine Sekunde so, wie es ist. Schöpfung ist ständiger Wandel. Schöpfung ist ständige Erneuerung. Es gibt dabei schnelle und langsame Wandlungen. Unser Klima wandelt sich z. B. insgesamt nur sehr langsam, aber beständig. Das Wetter eines einzigen Tages hingegen kann sehr schnell umschlagen.

***Bei jedem Wandel, bei jeder Erneuerung gibt es zwangsläufig Gewinner und Verlierer. Gewinner sind die, die das Alte loslas-***

*sen, den Wandel akzeptieren, mitmachen oder sogar vorangehen. Verlierer sind die, die am Alten festhalten, den Wandel ablehnen und zu keiner Änderung bereit sind.*

Die Schöpfung nimmt keine Rücksicht auf unseren Widerstand. Sie wird uns rechts und links überholen und ins Abseits stellen.

*Eine Gesellschaft ist so erfolgreich, wie sie wandlungsfähig ist. Ebenso ist ein einzelner Mensch nur so erfolgreich, wie er wandlungsfähig ist.*

# Loslassen als wichtigste Voraussetzung zur Kreativität

Solange wir das Alte nicht loslassen, kann das Neue nicht entstehen. Kreativ zu sein bedeutet schöpferisch zu sein, bedeutet neue Wege zu gehen, bedeutet Dinge und Umstände anders zu sehen und zu empfinden, als sie bisher gesehen und empfunden wurden.

Die Freiheit des Geistes ist die unverzichtbare Voraussetzung zur Freiheit im Umgang mit materiellen und immateriellen Dingen. Eine neue Musik kann nicht geschrieben werden, solange sich die alte Melodie im Kopf dreht. Ein Bild kann nicht wirklich neu gemalt werden, solange das Motiv nicht neu gesehen und empfunden wird. Eine Situation kann nicht neu gesehen werden, solange wir nicht bereit sind, die alte Sichtweise loszulassen. An unseren Lebensumständen kann sich nichts ändern, solange wir sie nicht in Frage stellen und auch andere Umstände für möglich halten.

Kreativität und die Bereitschaft, neue Wege zu gehen, sind der Motor jeden Wandels. Wandel ohne Kreativität und ohne den Mut zu neuen Wegen hingen ist nicht möglich. Nichts Neues kann entstehen, wenn das Vorhandene nicht in Frage gestellt wird.

Das gilt natürlich auch für uns selbst. Wenn wir uns selbst nicht in Frage stellen, treten wir auf der Stelle. Warum sollten wir dann bei uns etwas ändern? Es ist ja alles in Ordnung. Da aber um uns herum nichts auf der Stelle stehen bleibt, nehmen wir uns mit einer solchen Haltung selbst aus dem Fluss der Schöpfung. Werden zum Außenseiter, zum komischen Kauz, zum Sonderling oder zum ewig Gestrigen und verpassen den Anschluss.

Natürlich hören wir dann in dieser Rolle nicht auf, die Welt zu beklagen, die so schlecht geworden ist. In der man sich auf nichts mehr verlassen kann. Wie war das doch früher alles besser. Da wusste man wenigstens, wo man dran war. Eine mehr als abgedroschene Phrase. Wenn wir heute nicht mehr wissen, wo wir dran sind, dann liegt das allein an uns. Wir haben zu lange festgehalten, haben uns gegen den Wandel gestellt.

*Nicht zufällig liegt die kreativste Phase eines Menschen in der ersten Hälfte seines Lebens. Hier ist er experimentierfreudig, hier ist er bereit, in Frage zu stellen, hier kann er zum Revolutionär werden, hier wagt er.*

Zumindest wäre das die übliche Entwicklung. Natürlich gibt es auch junge Menschen, die das Leben schon mit der Mentalität eines Greises betrachten.

In der zweiten Lebenshälfte bremsen uns dann unsere eigenen Erfahrungen immer mehr aus. Wir werden – wie man so schön sagt – gesetzter und berechenbarer. Nun möchten wir das in der ersten Phase Gelungene und Erreichte nicht aufs Spiel setzen. Wir versuchen – bewusst oder unbewusst – auf der sicheren Seite zu bleiben. Wir haben sozusagen unseren Platz gefunden. Wir haben uns mit etwas identifiziert und unser Ich-Bild etabliert. Unser Stil wird unverkennbar. Was in der ersten Phase kreative Neuschöpfung war, was in der ersten Phase neue Wege und neues Denken waren, wird nun nur noch modifiziert. Dies gilt auf allen Ebenen der Kreativität, und es gilt sogar für die eigene Lebensführung.

Viele Partnerschaften scheitern z. B., weil die Kreativität in der Beziehung verloren ging und einer sogenannten Normalität Platz machte. Normalität aber ist nichts anderes als eingefahrene Routine. Das genaue Gegenteil der Kreativität.

*Wenn wir nur einen Bruchteil der Kreativität, die wir für die Gewinnung des Partners eingesetzt haben, für den Erhalt der*

*Partnerschaft einsetzen würden, gäbe es in diesem sensiblen Bereich viel weniger Probleme.*

Aber es ist ja jetzt „meine" Frau, „mein" Mann. Wir haben sie oder ihn ja schon erobert und in unseren Besitz eingereiht. Nun genügt uns die Verwaltung dieses Besitzes. Mit dieser groben und folgenschweren Fehleinschätzung haben wir uns bereits am Anfang des Buches beschäftigt.

*Sobald etwas normal zu werden droht, sollten wir es in Frage stellen. Normalität ist Stillstand. Normalität ist abtötend.*

Zudem ist Normalität immer nur das, was wir als normal ansehen. Normalität ist wieder einmal nur „unsere" Wahrheit. Es gibt keine Normalität. Was für uns völlig normal ist, mag einem anderen als völlig absurd erscheinen. „Wer's mog".

Vielleicht machen Sie sich einmal die Mühe, so etwas wie eine Checkliste anzulegen. Trennen Sie diese zunächst in die zwei wichtigsten Bereiche Privatleben und Berufsleben oder legen sie gleich zwei verschiedene Listen an. Untergliedern Sie dann den jeweiligen Bereich in mehrere Einzelpunkte.

*Den Bereich Privatleben* z. B. in: Eigenverwirklichung, Partnerschaft, Familie, Kinder, Eltern, Freunde, Sport, Kultur, Hobby usw.

*Den Bereich Berufsleben* vielleicht in: Erfolg, Führerschaft, Zukunftsaussichten, Weiterbildung, Einkünfte, Ansehen, Fachkompetenz usw.

Diese Aufteilung soll natürlich nur Anregung sein. Sie sollten nur die Bereiche auflisten, die gezielt auf Ihr Leben zutreffen. Machen Sie sich dann die Mühe, jede Untergliederung einmal daraufhin zu überprüfen, was in diesem Bereich bereits zur Routine geworden ist und wo noch Platz für kreative Neuerungen wäre. Auch wenn Sie auf den ersten Blick keine Änderung für möglich halten, stellen Sie jeden Punkt, den Sie als Routine entlarvt haben, gnadenlos in Frage. Lassen Sie die eingefahrenen Wege los. Entwickeln Sie ein Programm zur Wiederbelebung toter Geleise. Bringen Sie Lebendigkeit in Ihren Tag. Stehendes Wasser wird faul.

Fangen Sie mit der kommenden Woche und dem kommenden Wochenende an. Entweder Sie ändern etwas direkt oder Sie ändern es nie. Vorsätze und Einsichten alleine genügen nicht.

*Fangen Sie „jetzt" an oder Sie fangen nie an.*

Kreativität ist so etwas wie ein Lebenselexier. Kreative Menschen bleiben länger jung. Ein innerer Motor scheint sie anzutreiben. Sie bleiben am Ball. Sie sind voller Ideen und Projekte. Sie haben gar keine Zeit alt zu werden, während die, die in der so genannten Normalität gefangenen sind, ihr Leben mehr oder weniger absitzen. Alles ist halt ganz normal. Keine Höhen, keine Tiefen, keine Spannung.

Im Prinzip könnten sie schon heute sagen, wie der Sonntag in 12 Wochen ablaufen wird. Ganz normal halt – wie sonst? Was soll die dumme Frage? Im Prinzip sind sie schon tot, obwohl sie noch leben. Ihre Lebendigkeit hat sich bereits verabschiedet. Aber gehen wir zurück zu unserer Liste. Schauen wir uns z. B. ein Stichwort wie Eigenverwirklichung an.

*Leben Sie das Leben, das Sie leben wollen, oder haben Sie sich lediglich damit abgefunden?*

Wenn Sie sich damit abgefunden haben, haben Sie alle Kräfte, die zu einer Änderung führen könnten, selbst lahm gelegt. Wenn Sie dagegen den Mut haben, Bestehendes in Frage zu stellen, wirkt dies, wie wenn Sie ein Fenster öffnen. Frische Luft weht herein, kann sich zu einem kräftigen Durchzug entwickeln und so manches hinwegfegen.

Ob Sie allerdings ein Fenster öffnen und den Durchzug riskieren, liegt ganz allein bei Ihnen. Einiges könnte dabei durcheinander geraten. Es gibt kein Leben, in dem nichts geändert werden kann. Zumindest kann man die innere Einstellung dazu ändern. Und nach dem hermetischen Prinzip „wie innen so außen" ändern sich dann meist auch die äußeren Umstände.

*Das Leben ist zu schade, um es einfach abzusitzen und die eigenen Vorstellungen nicht zu verwirklichen.*

Diese Verwirklichung wird nicht immer zu hundert Prozent möglich sein. Aber jedes Prozent, das uns mehr in Richtung hundert Prozent bringt, ist ein Gewinn, ist ein Schritt auf unserem eigenen Weg. Der Mensch ist nun einmal zum Gehen und nicht zum Fliegen konstruiert.

Wenn wir am Ende unseres Lebens sagen können, dass wir zu 53 % das verwirklicht haben, was wir uns vorgestellt hatten, dann ist dies eine höchst achtbare Bilanz. Wenn wir nichts verwirklicht haben, haben wir eine wunderbare Chance verpasst. 100 % zu erreichen würde Langeweile bedeuten. Es gäbe nichts mehr zu tun.

Schauen wir uns andere Punkte unserer Liste an. Stellen wir auch hier gnadenlos das in Frage, was ganz normal zu sein scheint. Es gibt nichts Normales. Das Übel beginnt damit, dass wir es für normal halten.

Dies gilt auch für den beruflichen Bereich. Hier erscheinen uns evtl. notwendige Änderungen meist noch schwieriger als im privaten Leben. Schließlich wollen wir unser Einkommen nicht gefährden, und die Zeiten sind auch nicht gerade rosig. Aber gerade in nicht rosigen Zeiten ist Kreativität noch mehr gefragt. Gerade dann sind neue Wege und Lösungen noch notwendiger und auch erfolgversprechender.

Krisen hinterlassen Gewinner und Verlierer. Krisen sind kein Alibi für Stillstand. Dies habe ich an anderer Stelle schon einmal gesagt. Es ist mehr als wichtig, dass wir dies verinnerlichen.

*Wer in der Krise auf der Stelle verharrt und versucht abzusichern, den wird die Krise fressen. Wer in der Krise kreativ nach vorne geht und investiert, den wird die Krise zum Gewinner machen.*

Eine Krise ist wie ein Sog, der alles Umstehende erfasst und mit sich zieht. Die einzige Chance besteht darin, sich aus diesem Sog zu befreien und die Gegenrichtung einzuschlagen. Dazu bedarf es ein paar kräftiger Schläge der Befreiung. Kreativität ist nur in Freiheit möglich. Angst, Vorsicht, Misstrauen, das Streben nach Sicherheit und der Wunsch, alles so zu erhalten, wie es ist, sind nicht nur der Feind jeder Kreativität, sondern das Ende jeder Lebendigkeit.

# Hilfreiche Techniken des Loslassens

Den Prozess des Loslassens, der in der Regel nie ganz schmerzfrei verläuft, kann man durch die Anwendung bestimmter Techniken nicht nur erfolgreicher hinter sich bringen, sondern auch erträglicher und wesentlich kürzer gestalten.

Um nicht lange zu theoretisieren, möchte ich sofort in die Praxis gehen und die einzelnen Situationen in der Reihenfolge der Kapitel dieses Buches aufzeigen. Also fangen wir an.

## *Loslassen in der Eltern-Kind-Beziehung*

Wenn uns das Loslassen schwer fällt, haben wir das Objekt des Loslassens vorher geliebt oder gehasst, sonst gäbe es das Problem des Loslassens nicht. Wäre uns etwas völlig gleichgültig gewesen, könnte es uns nicht berühren.

Je lieber wir es gehabt haben, je mehr wir es fälschlicherweise als „zu uns gehörig" angesehen haben, desto schwerer fällt uns nun das Loslassen. Je mehr wir es gehasst haben, je mehr wir uns verletzt oder ungerecht behandelt fühlten, desto schwerer fällt uns auch in diesem Fall das Loslassen.

Dies mag Sie erstaunen. Aber glauben Sie mir, den Hass loszulassen ist manchmal schwieriger als etwas Geliebtes loszulassen. Liebe und Hass sind nichts anderes als die entgegengesetzten Pole der gleichen Sache, die wir als zwischenmenschliche Beziehung bezeichnen können. Oft reden wir sogar von einer Hassliebe. Fangen wir den Prozess des Loslassens mit einer sehr einfachen Übung an.

*Seien wir zunächst einmal dankbar dafür, dass es überhaupt etwas zum Loslassen gibt.*

Für Eltern wie für Kinder durchaus keine Selbstverständlichkeit. Es gibt Eltern, deren größter Wunsch es wäre, Kinder zu haben und ihnen die Geborgenheit und Erfahrung einer Familie zu geben, aber es werden ihnen keine Kinder geboren. Das Problem des Loslassens stellt sich für sie nicht. Es gibt Kinder, die gerne Eltern und die Geborgenheit einer Familie erleben würden, aber als Waisen aufwachsen. Auch für sie stellt sich das Problem des Loslassens in einer Eltern-Kind-Beziehung nicht.

Dass also überhaupt eine Eltern-Kind-Beziehung aufgebaut werden konnte, ist schon allein ein Grund zur Dankbarkeit. Der Prozess des Loslassens beginnt deshalb zunächst immer mit der Dankbarkeit über das Erhaltene.

*Ein tiefes „Danke" liegt auf der Gegenseite unseres Egos, das etwas nicht hergeben oder etwas nicht vergeben will.*

Wir sehen allzu schnell etwas als normal und selbstverständlich an. Nichts ist selbstverständlich. Nicht einmal unser eigenes Leben. Auch dies werden wir loslassen müssen.

*Es ist eine Gnade und eine wunderbare Chance für uns, leben zu dürfen, und es ist ein wunderbares Geschenk für uns, dabei Kinder oder Eltern zu haben.*

Nun wird mancher sagen: Also meine Eltern – oder umgekehrt meine Kinder – waren wirklich kein Geschenk. Darauf hätte ich gerne verzichtet.

Ich gehörte lange Zeit selbst zu denen, die so etwas fühlten und sagten. Es gab eine Zeit, in der ich mehr Hass als Zuneigung für meine Eltern empfand. So etwas wie Dankbarkeit zu empfinden schien mir erst recht ganz und gar unmöglich. Dazu konnte ich weit und breit keinen Grund entdecken. Aber ich werde Ihnen zeigen, wie wichtig es ist, auch derartigen Hass letztlich loszulassen oder zumindest zu neutralisieren. Ihn sogar in Liebe umzuwandeln ist mir bisher allerdings nicht gelungen. Ich arbeite noch daran.

*Dankbarkeit ist der erste und wichtigste Schritt zum Loslassen und zum eigenen inneren Frieden.*

Gleichgültig, was die Ausgangssituation ist, Liebe oder Hass. Aber wie kann man Dankbarkeit empfinden, wenn man hasst? Ich will Ihnen gerne sagen, wie ich dieses Problem gelöst habe, muss Ihnen aber dazu zunächst ein paar Hintergrundinformationen geben, um die Situation verständlich zu machen.

Meine Mutter – lange Zeit sprach ich nur von der Frau, die mich geboren hat, weil ich die Bezeichnung „Mutter" unzutreffend fand – war eine mit sich und der Welt unzufriedene und böse Frau. Meinen Vater schien sie nur zu hassen, wünschte ihm bei jeder Gelegenheit den Tod und hatte auch sonst mit jedermann Streit. So etwas wie Liebe, Zärtlichkeit, Nähe, Vertrauen und Geborgenheit habe ich in meiner Kindheit leider nicht erleben dürfen. Ein Start in das völlige Gegenteil dessen, was ich als Urvertrauen geschildert habe.

Da ich nie gelernt hatte, Gefühle zu zeigen und zuzulassen, hatten meine späteren weiblichen Partner erhebliche Schwierigkeiten mit mir. Ich war völlig verschlossen, emotionslos und nahezu gefühlsunfähig. Warum hatte meine Mutter mir so etwas angetan? Wie sollte ich dafür dankbar sein können? Das konnte ich mir nun wirklich nicht vorstellen.

*Hätte ich damals so etwas in einem Buch gelesen, ich hätte es in die Ecke geworfen. Bitte tun Sie es mit diesem Buch nicht. Die Erklärung folgt sofort.*

Erst in einer Abhandlung über die karmischen Lehren, die sicher nicht zufällig in meine Hände geraten war, fand ich einen Denkansatz, der mich die Beziehung zu meiner Mutter völlig anders sehen ließ. Nach karmischer Auffassung ist es kein Zufall, wo und bei wem wir geboren werden. Nach dieser Lehre inkarnieren wir bewusst in eine Familiensituation, in der uns der Lernstoff serviert wird, der dann als Lebens-Lernaufgabe für uns ansteht.

Wenn uns nun eine Lernaufgabe serviert wird, deren Erledigung für uns besonders schwierig und schmerzhaft ist, muss zwischen uns und der Seele, die uns diesen Stoff serviert hat, eine liebevolle Verbindung bestehen, denn sie selbst setzt damit Ursachen, deren Wirkung wieder auf sie zurückkommen. Das unbestechliche Gesetz von Ursache und Wirkung.

Aber welchen Lernstoff hatte meine Mutter mir da serviert? Relativ einfach zu erkennen, wenn wir das Gesetz der Polarität betrachten. Sie hat mich auf den Pol Hass, Misstrauen, Streit positioniert und mir damit die Chance gegeben, durch bewusste Arbeit an mir selbst auf die Gegenseite zu wechseln. Ein weiter Weg, der wirklich eine gewaltige Lebens-Lernaufgabe war. Meine Mutter sagte mir wörtlich: „Liebe gibt es nicht, so etwas ist Quatsch." Diesen Quatsch hatte sie dann auch konsequent aus ihrem Leben gestrichen.

***Danke Mutter, dass du es dir angetan hast, mir eine Lernaufgabe zu servieren, die mich den Weg vom Hass zur Liebe gehen ließ, auf dem ich dann wachsen durfte.***

Ich weiß nicht, ob Sie diesen Gedankengang akzeptieren. Er ist relativ fremd in unserem Denken. Mir hat er jedenfalls den inneren Frieden zu meiner Mutter gegeben. Ich konnte plötzlich so etwas wie Mitgefühl für ihr eigenes zerstörtes Leben entwickeln.

Zelebriert habe ich diesen Wandel und das Loslassen des Hasses in einem Gespräch mit ihr. Dazu war sie weder anwesend noch brauchte ich dazu ein Telefon. Ich glaube, zum Zeitpunkt des Gesprächs war sie sogar schon tot. Von ihrem Tod erfuhr ich erst durch den Brief eines Notars, der mir mitteilte, dass ich enterbt war.

Mein Gespräch mit ihr war ein inneres Gespräch auf der rein geistigen Ebene. Ich habe gesagt, dass ich ihr verzeihe, ich habe ihr gedankt für die Lernaufgabe, die sie mir serviert hat, ich habe ihr den Frieden gewünscht und sie losgelassen. Alle Konten des gegenseitigen An- und Aufrechnens habe ich in diesem Gespräch geschlossen.

Meine Bitte: Überlegen Sie nun selbst einmal, ob auch Sie irgendwo, irgendwie oder irgendwen hassen, und bitte überlegen auch Sie, was Sie gewinnen würden, wenn Sie diesen Hass loslassen. Hass ist ein so grundsätzlich negatives Energiefeld, dass wir uns mit jedem Tag, an dem uns diese Energie berührt, selbst Schaden zufügen.

Sie können dieses Loslassen im Stillen zelebrieren, so wie ich dies im geschilderten Gespräch getan habe. Das Objekt Ihres Hasses muss davon nicht einmal etwas erfahren, wenn Sie z. B. befürchten, Ihr Gesicht zu verlieren. Es ist allein Ihre innere Angelegenheit, die Konten zu schließen.

Halten wir noch einmal die entscheidenden Elemente eines solchen Prozesses fest.

1. Annehmen der Situation als Lernaufgabe.

2. Dankbarkeit für das, was einem gegeben wurde.

3. Neutralisierung der Gefühle und Schließung der Konten.

4. Den inneren Frieden finden.

Obwohl ich dieses System vorwiegend am Beispiel einer Hass-Situation erklärt habe, gilt es natürlich ebenso für die andere Seite der Polarität.

Auch wenn wir geliebt haben und nunmehr loslassen müssen, haben wir damit eine Lernaufgabe bekommen, die wir annehmen sollten.

Gerade wenn wir geliebt haben, haben wir allen Grund zur Dankbarkeit, statt drüber zu klagen, dass wir es jetzt loslassen müssen. Auch wenn wir geliebt haben, müssen wir unsere Gefühle neutralisieren und den Schmerz überwinden.

Der innere Friede ist dann die zwangsläufige Folge vom Annehmen der jetzigen Situation und der Dankbarkeit für das Gewesene.

## *Loslassen in der Zweierbeziehung*

Die Schöpfung ist dauernde Bewegung. Nichts bleibt auch nur eine Sekunde so, wie es ist. Auch wenn wir diese Bewegung nicht fortwährend spüren. Wenn wir an einem warmen Sommertag in einer Wiese liegen und die Wolkenformationen eines leicht bewölkten Himmels betrachten, dann können wir diesen ständigen Wandel in sehr eindrucksvoller Weise beobachten. Wolken driften zueinander, verschmelzen miteinander und reißen wieder auseinander. Neue Formationen bilden sich und unterliegen dann sofort wieder dem gleichen ständigen Wandel.

Auch Partner driften zueinander, und so sehr wir dieses Zueinanderdriften begrüßen, so sehr sträuben wir uns dann gegen das Auseinanderdriften. Das eine halten wir für ein Glück und das andere für ein Unglück. Dabei geschieht beides innerhalb des ständigen Wandels. Auch unsere mit ganzem Herzen gegebenen Schwüre ewiger Treue oder Freundschaft sind nichts als Momentaufnahmen in einem sich ständig verändernden Umfeld.

Dies soll kein Freibrief sein. Wir sind keine willenlosen Wolken, die hin und her getrieben werden. Wir sind vernunftbegabte Wesen – jedenfalls sollten wir es sein –, die ihr Verhalten bewusst steuern können. Wolken können ihren Weg nicht steuern. Und trotzdem unterliegen auch wir der Gesetzmäßigkeit des ständigen Wandels.

Was ich damit sagen will, ist, dass nicht immer jemand böse ist, ein Schuft sogar oder als verantwortungslos gelten muss, wenn sich Zuneigung oder Abneigung in einer Partnerschaft ändern. Es ist in unserer heutigen Zeit eher wahrscheinlich, dass sich in einer Partnerschaft etwas ändert als dass es unverändert bleibt.

Diese Änderungen können gravierender oder weniger gravierender Art sein. Wir mögen sie als positiv oder negativ empfinden. Wir mögen sie begrüßen oder verfluchen. Das Prinzip des dauernden Wandels zeigt sich von unserer Reaktion völlig unberührt, denn auch unsere Reaktion wird sich wieder wandeln.

Einen Witzbold hörte ich sagen, dass z. B. das Problem der Ehescheidungen nicht so groß wäre, wenn jeder gleich den zweiten Partner heiraten würde. Dies erinnert mich wieder an einen Ausspruch von Henry Ford, der da sagte, dass er genau wisse, dass die Hälfte seiner Werbeausgaben weggeworfenes Geld sei, dass er aber leider nicht wisse, welche Hälfte das ist.

Jeder Mensch, soweit er in unserer Zivilisation lebt, unterliegt heute täglich einer Vielfalt von Einflüssen. Partner, wenn sie nicht den größten Teil des Tages zusammen verbringen – wie z. B. Wirtsleute – unterliegen dabei meist sehr unterschiedlichen Einflüssen. Sei es z. B., dass einer die Kinder hütet und der andere berufstätig ist oder dass beide in unterschiedlichen Firmen einen Job mit völlig unterschiedlichen Ausrichtungen und entsprechend unterschiedlichen Umfeldern erledigen.

Nun wissen wir, dass jedes Umfeld eine prägende Wirkung auf uns hat. Wenn nun zwei Partner täglich unterschiedlichen Umfeldern ausgesetzt sind und dies eine Weile andauert, ist es durchaus erklärbar, wenn etwas, das man früher gleich gesehen hat, nunmehr unterschiedlich gesehen wird. *„Ich verstehe dich nicht mehr, du hast dich so verändert."* Der Anfang einer Entfremdung.

Kein böser Wille, keine Unzuverlässigkeit, und es gibt eigentlich nur zwei Wege aus dieser Situation. Ich lasse das alte Bild von meinem Partner los, akzeptiere seine Veränderung, nehme ihn so an, wie er ist, oder ich lasse gleich den ganzen Partner los. Er hat mich ja so enttäuscht.

*Enttäuscht sein aber bedeutet, dass ich in einer Täuschung gelebt habe und nun „ent"-täuscht worden bin. Ich sehe also wieder klar. Doch eigentlich ein Grund zur Dankbarkeit – oder?*

Ich kann mir keine Zweierbeziehung vorstellen, in der kein Grund zur Dankbarkeit zu entdecken wäre. Selbst wenn das, was als Liebe begann, nunmehr im Hass endet, kann ich für die Zeit der Liebe danken. Ich kann auch für die Erfahrung danken, die ich machen durfte. Kann danken für das, was ich gelernt habe und was mich ein Stück weiter gebracht hat. Das Gefühl des Dankens neutralisiert die Hassgefühle und erleichtert das Loslassen in innerem Frieden. In der Regel gilt:

*Je schmerzhafter eine Erfahrung ist, desto mehr können wir daran wachsen.*

Nun gibt es natürlich auch die unvermeidliche Trennung einer Zweierbeziehung durch den Tod eines Partners. Spätestens dann wird uns klar gemacht, dass jede Zweierbeziehung eine Beziehung auf Zeit ist. Wir empfinden Schmerz und Trauer über den erlittenen Verlust und wollen nicht begreifen, dass wir jetzt alleine sind. Wie konnte er oder sie uns das nur antun?

Nun können wir unser Leben damit verbringen, den Verlust zu bejammern, jeden Tag die Grabstätte besuchen, mit dem Toten reden, ihm seinen Platz am Tisch reserviert halten und womöglich noch eindecken, seine Kleider im Schrank liebevoll betrachten und pflegen und seine Fotografien in der ganzen Wohnung verteilen.

Mit solchem Verhalten tun wir weder dem oder der Verstorbenen noch uns selbst einen Gefallen. Wir halten die Toten auf der materiellen, irdischen Ebene fest. Wir hindern sie daran, auf die

Ebene zu gehen, auf der sie nun zu Hause sind. Wir lassen sie nicht los.

*Aber alles, was wir festhalten, hält auch uns fest. Wir behindern uns gegenseitig. Wir nehmen auch uns aus der Lebendigkeit. Dies hat mit legitimer Trauer nichts zu tun.*

Wenn wir jemanden wirklich lieben oder geliebt haben, haben wir allein sein Wohl im Auge. Wenn wir das geliebt haben, was wir von ihm hatten, haben wir mehr unser eigenes Wohl im Auge. Ich habe das schon an anderer Stelle klargestellt. Also auch hier stehen die unumgänglichen Schritte des Loslassens an.

1. Dankbarkeit für das, was mir geschenkt wurde. Es war ein Geschenk auf Zeit.

2. Loslassen des Geschenks in innerem Frieden.

3. Annehmen der neuen Situation.

4. Dankbarkeit für jeden neuen Tag, den ich leben darf.

Ich möchte Ihnen nunmehr eine Übung nahebringen, die das Loslassen von Personen wesentlich erleichtert.

Bitte suchen Sie sich einen bequemen Platz, in dem Sie entspannen können. Sagen Sie nicht, dass Sie nun mal leider nicht entspannen können – Sie können. Und zwar so:

Schließen Sie die Augen. Nehmen Sie bewusst Ihre Atmung wahr, und zwar ohne die Atmung dabei zu verändern. Nur beobachten! Spüren Sie, wie der Bauch und der Brustkorb sich leicht heben und senken, und spüren Sie dabei die Luft, die Sie ein- und ausatmen. Nichts anderes interessiert Sie.

Dann legen Sie zwischen dem Ein- und dem Ausatmen eine Pause ein, die genau so lang ist wie das jeweilige Ein- oder Ausatmen. Der vorherige Zweierrhythmus von Ein- und Ausatmen ändert sich nun in einen Dreierrhythmus. Langsam einatmen, gleich lange Pause und wieder gleich lang ausatmen. Sie bestimmen jetzt den Rhythmus. Halten Sie diesen Zustand für etwa zwei Minuten und geben Sie dann die Atmung wieder frei.

Stellen Sie sich nun vor Ihrem geistigen Auge den Menschen vor, den Sie jetzt loslassen wollen. Schauen Sie in sein Gesicht und lassen Sie dann Ihren Blick abwärts gleiten, bis Sie eine Stelle erreicht haben, die ungefähr am Ende der Rippen, genau in der Mitte des Körpers liegt. Den Solarplexus. Das Gefühlszentrum.

Mit Ihrem geistigen Auge sehen Sie nun, wie aus dieser Stelle so etwas wie ein Band herauswächst, das sich mit Ihrem eigenen Solarplexus verbindet. Sie sind sozusagen durch ein Band verbunden.

Richten Sie nun Ihren Blick genau in die Mitte des Bandes und legen Sie all Ihre Kraft in diesen Blick. Ihr Blick ist wie ein Laserstrahl, der auf diese Stelle gerichtet ist. Von dieser Stelle steigen nun kleine Rauchwölkchen auf. Das Band schrumpelt und schmilzt. Es trennt sich in der Mitte, die beiden Enden fallen zu Boden. Die Verbindung ist gelöst.

Sehen Sie nun, wie sich die andere Person immer weiter von Ihnen entfernt. Sie schwebt sozusagen in den Hintergrund und wird dabei immer strahlender und heller, bis sie nur noch ein Lichtpunkt ist, der immer kleiner wird und dann ganz verschwindet. Sie sind frei.

Natürlich gibt es auch noch andere wirkungsvolle Zeremonien. Wenn Sie keine so starke geistige Vorstellungskraft haben, wie sie die vorbeschriebene Übung erfordert, können Sie etwas tun, was – im wahrsten Sinne des Wortes – anschaulicher für Sie ist.

Schaffen Sie sich wiederum eine entspannte und friedliche Situation. Nehmen Sie einen großen Teller, in dessen Mitte Sie dann eine Kerze stellen und anzünden. Nun nehmen Sie ein Foto des Menschen, den Sie loslassen wollen, halten es über die Kerze, zünden es an und schauen Sie zu, wie es langsam verbrennt.

Entscheidend sind dabei die Gedanken, mit denen Sie diese kleine Zeremonie begleiten. Sie sollten von Liebe und Dankbarkeit geprägt sein. Sprechen Sie mit der Person. Sagen Sie ihr alles, was Sie ihr jetzt sagen wollen. Geben Sie sie frei und schließen Sie die Konten. Wenn Sie kein Foto haben, kann es auch ein Brief sein, in den Sie alles hineinschreiben und auf dem gleichen Weg verbrennen. Sein Inhalt erreicht den Betreffenden auf der immateriellen Ebene. Sie transferieren das auf der grobstofflichen Ebene Geschriebene in den feinstofflichen Bereich. Aber auch hier sind Ihrer eigenen Kreativität keine Grenzen gesetzt, wenn Ihre Handlungen in liebevoller Absicht geschehen.

## *Das Loslassen von Besitz*

Wir können uns nunmehr kürzer fassen, denn die notwendigen Voraussetzungen des Loslassens bleiben bei jedem Thema in etwa gleich: Dankbarkeit für alles, was mir gegeben wurde, Annehmen der neuen Situation, neutralisieren der Gefühle und über diesen Weg zu inneren Frieden zurückfinden.

Wenn ich etwas loslassen muss, das ich besessen habe, habe ich allen Grund dafür dankbar zu sein, dass ich es besitzen durfte. Wenn dieses Gefühl der Dankbarkeit überwiegt, ist das Loslassen kein Problem. Alles auf dieser Erde unterliegt der zeitlichen Begrenzung. Alles kommt und geht ebenso, wie wir selbst kommen und gehen.

Ähnlich wie in der Partnerbeziehung werten wir diese Gesetzmäßigkeit als positiv, wenn etwas zu uns kommt, das wir gerne annehmen. Wir jammern und klagen dann aber umso mehr, wenn es sich wieder von uns entfernt.

Wenn wir es nicht so gerne hatten – eine Krankheit z. B. –, freuen wir uns natürlich, wenn es uns wieder verlässt. Das heißt, die Gesetzmäßigkeit des Kommens und Gehens ist also immer die gleiche, lediglich unsere Bewertung ist rein subjektiver Natur. Unsere Bewertung schafft Leid oder Glück.

Fühlen wir uns in einer Situation des Habens wohl, möchten wir die Uhr anhalten und es nicht mehr hergeben. Fühlen wir uns in einer Situation des Habens hingegen unwohl, möchten wir die Uhr ein Stück vordrehen und so schnell wie möglich wieder loswerden.

Diese Uhr lässt sich aber von uns weder anhalten noch zurück- oder vordrehen. Wir können uns nur nach ihr richten und die Zeit, die sie uns anzeigt, annehmen. Wenn wir die Gesetzmäßigkeit des Kommens und Gehens annehmen, vermeiden wir jedes unnötige Leid und dürfen uns als ein wenig weise betrachten.

## *Das Loslassen unserer Vorstellungen, Überzeugungen und Wahrheiten*

Können wir die überhaupt loslassen? Sollten wir die überhaupt loslassen? Werden wir nicht zu einem profillosen Etwas, wenn wir dies tun?

Was wäre Ihre Antwort? Wie würden Sie sich fühlen, wenn Sie plötzlich ohne genaue Vorstellungen, ohne innere Überzeugungen und Wahrheiten durchs Leben gehen würden? Besser oder schlechter?

*Ich glaube, Sie würden sich zunächst sehr unwohl fühlen, und deshalb kann ich Ihnen das spontane und konsequente Loslassen dieses Bereichs nicht empfehlen.*

Was ich Ihnen allerdings empfehle, ist das konsequente Arbeiten an diesen Dingen, das konsequente Hinterfragen der eigenen Vorstellungen, Überzeugungen und Wahrheiten. Wenn sich auf diesem Weg Ihre Positionen allmählich aufweichen, wenn sich dadurch immer mehr Toleranz, Ruhe und Gelassenheit einstellen, leben Sie ein Stück angenehmer und stressfreier.

Das heißt, Sie bleiben bei Ihren Vorstellungen, Überzeugungen und Wahrheiten – Sie haben nichts anderes –, aber Sie wissen um deren Fragwürdigkeit, versuchen sie nicht um jeden Preis durchzusetzen und lassen auch das Gegenteil gelten.

Sie wissen, dass unsere so genannten Wahrheiten und Überzeugungen – und auch die Wahrheiten anderer – lediglich das Ergebnis unserer individuellen Konditionierungen sind. Über so etwas lächeln Sie, aber über so etwas streiten Sie nicht. Wer's mog ...

Sie werden elastischer und durchlässiger. Es bricht Ihnen kein Zacken mehr aus der Krone, wenn Sie nachgeben. Sie kämpfen nicht mehr an falschen Stellen. Sie stehen über den Dingen, statt darin zu stecken.

## *Das Loslassen unserer Vorstellungen von Gott*

Hören wir endlich auf zu behaupten, den einzig wahren Gott zu kennen und zu verehren. Durch diesen Irrsinn ist schon genügend Leid in diese Welt gesetzt worden und wird täglich weiteres Leid in die Welt gesetzt. Es gibt und gab schon genug so genannte „heilige Kriege".

Hören wir damit auf, zwischen Gläubigen und Ungläubigen zu unterscheiden, zwischen Rechtgläubigen und damit zwangsläufig auch Falschgläubigen.

*Niemand hat den rechten und niemand hat den falschen Glauben. Die Menschen haben lediglich einen unterschiedlichen Glauben.*

Nicht mehr und nicht weniger. In diesen Glauben wurden sie ebenso hineingeboren, wie wir in unseren Glauben hineingeboren wurden, und selbst wenn wir an nichts glauben, ist auch dies ein

Ergebnis unserer Geburtssituation und der daraus resultierenden Konditionierungen und eigenen Erfahrungen.

Das heißt nun keineswegs, dass Sie Ihren Glauben aufgeben sollten. Dass Sie nun nicht mehr in die Kirche gehen sollten, wie Sie es vielleicht bisher getan haben. Dass Sie nun nicht mehr zu Gott beten sollten, wie Sie vielleicht bisher zu Gott gebetet haben. Praktizieren Sie dies alles weiterhin so, aber tun Sie es in einem anderen Bewusstsein.

***Tun Sie es in dem Bewusstsein, dass dies „Ihr" Weg ist, auf dem Sie Gott verehren, und dass es daneben auch andere Wege gibt.***

Ich möchte dazu einen Auszug aus Anthony de Mellos Buch „Wo das Glück zu finden ist" zitieren:

*In seinem Buch „Über die menschliche Trauer" sagt C.S. Lewis, „dass wir nichts von Gott wissen können und sogar unser Fragen nach Gott absurd ist". Warum? Weil es so wäre, als würde ein von Geburt an Blinder Sie fragen:*

*„Ist die Farbe grün eigentlich heiß oder kalt?" „Neti, neti" – nicht das, nicht das. „Ist sie kurz oder lang?" Nicht das! „Ist sie süß oder sauer?" Nicht das. „Ist sie rund, oval oder eckig?" Nicht das, nicht das.*

*Der Blindgeborene hat keine Worte, keine Begriffe für eine Farbe, von der er keine Vorstellung hat, keine Intuition, keine Erfahrung. Man kann mit ihm darüber nur in Analogien sprechen. Egal, was er Sie fragt, Sie können nur antworten: „Nicht das, nicht das!"*

*C.S. Lewis schreibt, es sei etwa so, als frage man, wie viele Minuten in der Farbe gelb sind. Wir könnten diese Frage sehr ernst nehmen, darüber diskutieren und streiten.*

*Der eine schätzt, dass fünfundzwanzig Karotten in der Farbe gelb sind, während der andere sagt: „Nein, siebzehn Kartoffeln", und sofort ist der Streit da. Nicht das, nicht das.*

*Unsere letzte Erkenntnis von Gott ist, zu wissen, dass wir nichts wissen. Und das Tragische ist, dass wir zu viel wissen. Doch wir „meinen" nur, dass wir wissen. Deshalb werden wir niemals etwas entdecken.*

*Tatsächlich hat Thomas von Aquin (der nicht nur ein großer Theologe, sondern auch ein großer Philosoph war) wiederholt gesagt: „Alle Anstrengungen des menschlichen Verstandes können nicht das Wesen einer einzigen Fliege erschöpfend begründen.*

Ich verweise zu dieser Thematik auch auf mein Buch: **„Gott direkt – ohne Zwischenstation"**, das ebenfalls im Herbst im Verlag Via-Nova erscheinen wird.

Aber wenden wir uns nun den psychosomatischen Erscheinungsbildern unseres Themas „Loslassen" zu.

# Psychosomatische Erscheinungsbilder unseres Themas „Loslassen"

*Niemand ist zufällig krank oder gesund.*
*Niemand hat zufällig diese oder jene Krankheit.*
*Niemand besiegt zufällig eine Krankheit.*
*Niemand unterliegt zufällig einer Krankheit.*

Es gibt nur das unbestechliche Gesetz von Ursache und Wirkung, und nach diesem Gesetz ernten wir das, was wir säen. Das heißt, dass wir im Prinzip selbst die Verursacher einer Erkrankung und auch selbst die Verursacher unserer Genesung oder des umgekehrten Ergebnisses sind. Die meisten Menschen mögen diese Feststellung nicht. Sie ist ihnen zu unbequem. Sie ruft nach Eigenverantwortung.

*Ist es doch bequemer,* etwas für eine Erkrankung verantwortlich zu machen, das außerhalb von uns selbst liegt.

*Ist es doch bequemer,* Krankheit als so etwas wie einen Schicksalsschlag zu sehen, an dem wir selbst ganz und gar unbeteiligt sind.

*Ist es doch bequemer,* Mitgefühl und Fürsorge der anderen für solch unerwartetes Schicksal entgegenzunehmen, als sich selbst in der Verantwortung zu sehen.

*Ist es doch bequemer,* den Ärzten die Verantwortung für unsere Gesundung zu überlassen. Schließlich haben ja die Ärzte Medizin studiert und nicht wir.

Wenn es dann bei einem Arzt nicht ganz zu unserer Zufriedenheit läuft, gehen wir halt zu einem anderen. Leider sind die Ärzte nicht alle gleich gut, und es ist schwer, den richtigen zu finden. Gott sei Dank hat uns ja Tante Frieda jetzt jemanden empfohlen, und von der Nachbarin haben wir auch nur Gutes über diesen Arzt gehört. Sie geht schon jahrelang dorthin.

Niemand fragt danach, was „wir" denn wohl falsch gemacht haben, dass wir erkrankt sind. Kein Freund, kein Verwandter, kein Arzt, und wir selbst stellen uns diese Frage am allerwenigsten. „Wir" sollen etwas falsch gemacht haben?

Höchstens fallen uns die paar Zigaretten ein, die wir geraucht haben, und getrunken haben wir natürlich auch dann und wann. Aber das würde bei anderen auch nicht anders sein – bei diesem anstrengenden Job und der dauernden Aufregung. Weiter geht die Ursachenforschung meist leider nicht. Mit der Psyche müssen wir uns gar nicht erst befassen. Was würde man von uns denken. Schließlich sind wir nicht verrückt!

In unserer Gesellschaft gilt Krankheit als etwas, das einen Menschen zufällig trifft oder nicht trifft, und wenn es ihn getroffen hat, verdient er das Mitgefühl und die uneingeschränkte Hilfe unserer so genannten Solidargemeinschaft. Dies ist aber nur dann vernünftig, wenn die angebotene Hilfe auch eine wirkliche Hilfe ist.

Wenn sie jemandem lediglich ein Problem und eine Aufgabenstellung abnimmt, an der er hätte wachsen können, ist es das Gegenteil einer Hilfe. Erst wenn sie dahin führt, den Menschen zum Erkennen und zum Abstellen seines eigenen Anteils an seiner Erkrankung zu führen, macht Hilfe einen Sinn.

Wenn die angebotene Hilfe lediglich die Symptome beseitigt oder erträglicher macht und den Menschen aber – mangels Aufklärung – die krankmachenden Ursachen weiterhin setzen lässt, macht sie leider nur wenig Sinn. Die Art unserer derzeit praktizierten Hilfe verschlingt deshalb immer mehr Milliarden, bis sie irgendwann das System selbst verschlingt.

*Gib einem Hungernden einen Fisch, und er hat einen Tag keinen Hunger mehr.*

*Gib einem Hungernden sieben Fische, und er hat sieben Tage keinen Hunger mehr.*

*Lehre einen Hungernden das Fischen, und er hat nie mehr Hunger.*

Wenn wir weiterhin nur die Symptome behandeln und die tieferen Ursachen einer Erkrankung unberührt lassen, ist dies unter Marketing-Gesichtspunkten eine unfehlbare Maßnahme zur Steigerung des Marktvolumens. Und genau so wirkt sie sich auch aus. Die Krankheitsindustrie zählt weiterhin zu den wachstumsstärksten Branchen.

*Die Menschen werden zwar immer älter, aber leider nicht auch immer gesünder.*

Dank medizinischer Hochtechnologie können wir zwar den Tod immer mehr hinausschieben, aber die Zeit bis zu seiner Unaufschiebbarkeit ist dann meist eine sehr teuer erkaufte Leidenszeit.

Lassen Sie mich nun die vier Thesen, die ich eingangs dieses Kapitels aufgestellt habe, etwas genauer erklären. Vielleicht hat sich auch bei Ihnen ein gewisser Widerspruch geregt.

*1. Niemand ist zufällig krank oder gesund.*

Wenn Sie feststellen müssen, dass Sie sich irgendwo eine Grippe eingefangen haben – im Bus, im Kaufhaus, in Ihrem Büro oder sonst wo –, können Sie zu Recht sagen, dass dieses Grippevirus der Auslöser Ihrer Erkrankung ist.

Leider ist dies aber nur die halbe Wahrheit. Dieses Virus ist zwar rein technisch gesehen der Auslöser der Erkrankung, aber dass es diese Erkrankung bei Ihnen auslösen konnte, hat ausschließlich etwas mit Ihnen selbst zu tun – und zwar mit Ihrem

Immunsystem. Ein anderer Mensch, der den gleichen Umständen ausgesetzt war, ist womöglich völlig gesund geblieben.

*Sind wir so richtig gut drauf, sind wir voller Saft, Kraft und Lebensfreude, ist auch unser Immunsystem so richtig gut drauf und voller Saft und Kraft. Es wird mit jedem Eindringling fertig.*

*Sind wir schlapp und kraftlos, ist auch unser Immunsystem schlapp und kraftlos. Es hat einem eindringenden Virus nichts entgegenzusetzen.*

Ob wir aber gut oder schlecht drauf sind, liegt allein in unserer eigenen Verantwortung. Natürlich kann man auch dafür Alibis entwickeln und die Umstände zitieren, die daran schuld sind, dass wir so kaputt sind. Die Familie, die Firma, die finanziellen Sorgen, die Wohnsituation oder was auch immer.

*Wenn es tatsächlich Dinge oder Umstände in unserem Leben geben sollte, die uns kaputt machen, müssen „wir" sie ändern. Wer sonst?*

Das Problem beginnt meist damit, dass wir es nicht für möglich halten, etwas ändern zu können, und auch dafür haben wir natürlich die passenden Alibis. Die Altersversorgung, der Arbeitsmarkt, die Ausbildung der Kinder, das Haus, und meist müssen wir immer erst noch etwas. Wenn wir aber erst noch etwas müssen, heißt das, dass wir im Moment nichts tun. Die krankmachenden Zustände bleiben erhalten. Der Doktor wird's schon richten.

„Wir" sind für unser Leben verantwortlich. Nicht unsere Eltern, Lehrer, Partner, Kinder, Chefs, Ärzte oder gar das Arbeitsamt. Wenn wir diese Verantwortung wegschieben, haben wir keinen Grund, uns über das unbefriedigende Ergebnis zu beschweren. Unser Alibi ist geplatzt. Dabei fühlten wir uns doch so wohl in der Opferrolle, und Opfern muss man doch helfen. Sehen wir uns den zweiten Punkt an.

## 2. Niemand hat zufällig diese oder jene Krankheit.

*Bestimmte Persönlichkeitsstrukturen, typische Denk- und Verhaltensmuster führen zu ebenso typischen Erkrankungen. Eine Erkrankung passt sozusagen zu uns.*

Ein Mensch z. B., der alles in sich hineinfrisst, der um des lieben Friedens willen duldet und leidet, der seine Aggressionen runterschluckt, statt sie herauszulassen, wird mit der Zeit so viel in sich hineinfressen, dass es dann in ihm selbst frisst. Magen- und Darmerkrankungen bis hin zum Krebs wären in diesem Fall die typischen somatischen Erscheinungsbilder.

Ein Mensch, der dauernd unter Druck steht, dem es schwer fällt, einmal richtig zu entspannen und loszulassen, läuft Gefahr, sich z. B. einen sogenannten essentiellen Bluthochdruck einzuhandeln. Dies ist ein Bluthochdruck ohne erkennbare organische Ursache. Das Herz-Kreislaufsystem reflektiert den Druck, unter dem der ganze Mensch steht.

Das Erstaunliche in solchen Fällen ist, dass ihm die Schulmedizin dann – trotz der fehlenden organischen Ursache – die üblichen Betablocker verordnet. Vielleicht reicht es noch zu der üblichen Ermahnung, alles etwas ruhiger anzugehen und sich nicht aufzuregen. Wie man so etwas macht, ist allerdings dem Empfehlenden selbst meist unbekannt. So etwas kam in seiner Ausbildung nicht vor.

Der Druck, unter dem ein Mensch steht, kann sich z. B. auch in einem Tinnitus (Ohrgeräusch) niederschlagen. Wie bei einem Wasserkessel, der unter Druck steht, pfeift und zischt es dann im Ohr. Hier werden ihm dann in der Regel Infusionen zur Durchblutungsförderung des Innenohres verordnet, obwohl eine solche Durchblutungsstörung diagnostisch keinesfalls festgestellt werden kann. In solchen Fällen macht man das halt so, und dies entspricht dann exakt den Empfehlungen der deutschen HNO-

Medizin, obwohl bei diesen Infusionstherapien beträchtliche Nebenwirkungen auftreten können. Um diesen Nebenwirkungen rechtzeitig begegnen zu können, wird der Patient dann halt stationär beobachtet.

Weitaus sinnvoller wäre es gewesen, dem Menschen dabei zu helfen, den Druck abzubauen, unter dem er steht. Kein leichtes Unterfangen, aber ich habe noch keinen Fall erlebt, in dem das nicht möglich war, obwohl der Betroffene selbst dies zunächst für unmöglich hielt.

Solche Beispiele könnte man unendlich fortsetzen. Da dies aber nicht das Thema dieses Buches ist, möchte ich es bei diesen kurzen Erklärungen belassen. Mit den gesundheitlichen Aspekten unseres Themas Loslassen werde ich mich ja noch ausführlich beschäftigen.

### 3. Niemand besiegt zufällig eine Krankheit

Damit meine ich nicht die leichte Grippe, die wir überstanden haben, sondern wirklich ernsthafte Erkrankungen. Wenn wir mit Menschen sprechen, die eine schwere Erkrankung überstanden haben, werden wir feststellen, dass die Erkrankung das Leben dieser Menschen verändert hat. Sie denken und fühlen heute anders, als sie es vorher getan haben. Ihr Wertesystem hat sich verändert. Sie sind sozusagen andere Menschen geworden. Ihre Denk- und Verhaltensstrukturen haben sich geändert.

Die alten Denk- und Verhaltensstrukturen, auf denen die Krankheit entstehen konnte, wurden durch neue ersetzt. Der Krankheit wurde sozusagen der Nährboden entzogen. Kein einfacher Prozess. Das Ziehen einer Wurzel ist auch beim Zahnarzt schmerzhafter und aufwendiger als das relativ schnelle Füllen eines Loches. Natürlich kommen bei einer wirklichen Genesung weitere wichtige Faktoren hinzu. Es sind nicht immer nur die Verhaltensmuster, die geändert werden müssen.

Auch der unbedingte Glaube an sich selbst und an die Wiederherstellung der eigenen Gesundheit gehören mit Sicherheit dazu. Wenn jemand der inneren Überzeugung ist, dass er die Krankheit besiegen wird, wenn er Pläne für die Zeit nach der Erkrankung schmiedet, wenn er die Krankheit als Aufgabenstellung „an"-nimmt und nicht als unentrinnbares Schicksal „hin"-nimmt, hat er die besten Chancen.

Eine Garantie gibt es allerdings auch dann nicht. Aber besser eine 70 % Chance (so hoch schätze ich das Potential ein, das über die geistig-seelische Ebene aktiviert werden kann) als gar keine Chance.

### 4. Niemand unterliegt zufällig einer Erkrankung

Nehmen wir als Beispiel zwei Krebspatienten gleichen Alters mit fast gleicher Diagnose und Prognose. Lebenserwartung nach Meinung der schulmedizinischen Ärzte ca. 8-9 Monate. Der eine der beiden stirbt erwartungsgemäß nach neun Monaten, der andere wird völlig gesund. Ein Wunder? Keinesfalls ein Wunder. Wundern muss man sich nur über die Naivität, mit der eine solche Frage gestellt wird. Auch in solchen Fällen gibt es nur das unbestechliche Gesetz von Ursache und Wirkung.

Wenn z. B. jemand der Überzeugung ist, dass er eine Erkrankung nun mal leider nicht überleben kann und so oder so in neun Monaten sterben wird, ist jede Chance auf Heilung vertan. Auch jede ärztliche Maßnahme bleibt völlig wirkungslos. Die innere Uhr ist falsch gestellt. Oft tragen Ärzte und Personal durch unbedachte Bemerkungen zu einer solch negativen Überzeugung bei. Für mich grenzt so etwas an fahrlässige Körperverletzung.

Zu mir kam eine fünfunddreißigjährige Frau, die mein Buch „Die Kraft der Selbstheilung" gelesen hatte. Sie war seit einiger Zeit an Krebs erkrankt, und ihre Ärztin war so unbedacht, ihr eine restliche Lebenserwartung von zwei Monaten zu prognostizieren.

Für mich grenzt so etwas an Körperverletzung. Die Frau war völlig niedergeschlagen. Waren ihre zwei Kinder doch inzwischen aus dem Gröbsten heraus, und eigentlich sollte das Leben jetzt beginnen. Statt dessen wurde ihr das schnelle Ende vorhergesagt.

In einer sehr intensiven Therapie ist es mir dann gelungen, dies tödliche Programm in ein gegenteiliges Programm umzuwandeln. Hätte sie die Prophezeiung der Ärztin als Wahrheit angenommen, wäre ihre innere Uhr mit absoluter Präzision abgelaufen. Inzwischen hat sie zwei Jahre überlebt, und als ich das letzte mal mit ihr telefonierte, ging es ihr hervorragend. Ihre Krebswerte waren zurück gegangen, die Tumore geschrumpft.

*Das, was auf der geistigen Ebene programmiert wird, wird sich auf der Ebene der körperlichen Materie umsetzen. Geist steht über Materie. Geist formt Materie. Auch an unserem Körper und unserem gesamten Habitus z. B. sieht man, wes Geistes Kind wir sind. Der Körper ist sozusagen die Frucht unserer geistig-seelischen Haltung.*

Manche haben sich auf diesem Weg eine zentnerschwere Frucht zugelegt und betrachten die Welt aus einer Burg aus Fett und Wasser. Nur 5 % der Fälle von Fettleibigkeit z. B. (Adipositas) haben nach Auskunft der Schulmediziner eine organische Ursache. Bleibt zu fragen, wie es denn zu diesen sogenannten organischen Ursachen kam. Auch die müssen doch verursacht worden sein.

Inzwischen haben wir 16 Millionen stark übergewichtige Menschen in Deutschland und darunter eine erschreckende Zahl von Jugendlichen. Die Erklärung der Schulmediziner: „Diese Menschen essen zu viel und bewegen sich zu wenig." Rein physiologisch eine perfekte Erklärung. Das Symptom wurde festgestellt (Fettleibigkeit) und auch die scheinbare Ursache davon (zu wenig Bewegung) exakt erkannt. Leider aber nur scheinbare Logik, die eine ganz entscheidende Frage, warum diese Menschen zu viel essen und sich zu wenig bewegen, offen lässt. Dies zu erkennen wäre ein Ansatz an der Wurzel statt am Symptom, und die Erfahrung aus meiner eigenen Praxis zu diesem Thema ist folgende:

Stark übergewichtige Menschen füllen mit ihrer Nahrungsaufnahme in der Regel eine innere Leere. Nur in etwas, das leer ist, kann ich auch etwas hineinfüllen, und je leerer es ist, desto mehr kann und muss ich hineinfüllen. Erst die Fülle gibt dann ein Ich-Gefühl. Erst die Fülle verleiht im wahrsten Sinne des Wortes Gewicht.

Vielleicht erscheint Ihnen meine Denkweise zu radikal. Aber entweder akzeptieren wir das Gesetz von Ursache und Wirkung oder wir leugnen es. Akzeptieren wir es, gilt es immer, überall und ohne jede Ausnahme. Wie oben so unten, wie innen so außen, im Größten wie im Kleinsten. Ein Gebrauch nach Bedarf ist leider nicht möglich.

Als ich meinen besten Freund, dem ich mein erstes Buch gewidmet habe, beerdigen musste, war mir seine eigene Ursachensetzung völlig klar. Er starb an einem Speiseröhrenkrebs. Er konnte nichts mehr schlucken, er hatte genug geschluckt. Der Kanal war zu. Besser hätte er vorher einmal ausgespuckt, was ihm nicht schmeckte. Aber er blieb immer verbindlich, blieb immer freundlich, vermittelte, lächelte und bügelte alles wieder glatt (auch so manchen Unsinn, den ich angestellt habe). Ich habe ihn nie böse gesehen. Ich habe nie erlebt, dass er mal wirklich etwas ausspuckte. Aber gehen wir nun zurück zu unserem Hauptthema.

## *Die psychosomatischen Erscheinungsbilder des Themas „Loslassen"*

Alles fließt ein und aus. Alles kommt und geht. Nichts bleibt, wie es ist. Alles ist in Bewegung. Lassen wir etwas nicht fließen, akzeptieren wir nicht das Kommen und Gehen, nehmen wir uns selbst aus der Bewegung, und unser Körper wird über kurz oder lang mit entsprechenden Symptomen antworten.

Die Symptome zeigen sich dann exakt dort, wo auch in unserem Körper Dinge ein- und ausfließen. Wo auch unser Körper etwas loslassen muss, die Luft z. B. und die Nahrung.

**Die Atmungsorgane**

Fangen wir bei der Luft an. Nun werden Sie sicher der Meinung sein, dass es doch bei so etwas Simplem wie dem Atmen keine Schwierigkeiten geben kann. Jeder Mensch kann doch ein- und ausatmen. Es bleibt ihm doch gar nichts anderes übrig. Nun, Sie werden sehen, dass es auch dabei Schwierigkeiten geben kann, und ich nenne dazu wieder ein Beispiel aus meiner eigenen Erfahrung.

Meinen letzten Job als Manager beendete ich vor nunmehr zwanzig Jahren als „Director of Marketing and Sales International" eines deutschsprachigen Satelliten-Fernsehsenders. Meine Büros lagen in Zürich und München. Der für regionale Aktivitäten in der Schweiz sowie den technischen Sendebetrieb zuständige Mitarbeiter war ein Asthmatiker.

Ein wesentliches Persönlichkeitsmerkmal dieses Mannes war es, nichts abgeben zu wollen, niemandem Einsicht zu gewähren und alles für sich zu behalten. Selbst den Namen der Druckerei, mit der wir arbeiteten, musste ich auf Umwegen feststellen, obwohl ich ihm übergeordnet war. Er wollte nichts hergeben. Er hegte wohl immer die Befürchtung, von allem zu wenig zu haben und das Wenige dann auch noch zu verlieren. Unbewusst natürlich! Sonst war er eigentlich ein ganz umgänglicher Typ.

Dieser Charakterzug fand dann die körperliche Übersetzung in seinem Asthma. Für ihn war wohl selbst zu wenig Luft zum

Atmen da, und zeitweise wollte oder konnte er auch diese nicht hergeben, aber auch gleichzeitig nicht genug davon bekommen. Vor allem, wenn er nach München zitiert wurde oder ich etwas von ihm wollte, zückte er für alle sichtbar sein Sprühfläschchen. So etwas wie ein Signal, mit dem er sich unberührbar machte.

Wenn ein Asthmatiker nach Luft ringt, wenn ihm das Ein- und das Ausatmen gleichermaßen schwer fällt, ist dies die klassische Übersetzung des Themas Nehmen und wieder Loslassen. Der natürliche Fluss, das immerwährende Ein- und Ausfließen, ist gestört. Dies gilt gleichermaßen bei einer Hyperventilation, von der selbst die Schulmedizin sagt, dass sie zu 95 % rein psychische Ursachen hat. Fragt sich wiederum, wie denn nun die restlichen 5 % verursacht wurden.

Asthmatiker haben in der Regel ein Mangelproblem. Sie haben von allem zu wenig und haben Angst davor, das, was sie haben, loszulassen. Ihre Mangelerfahrung begann bereits in der frühesten Kindheit. Hier konnte kein Urvertrauen entstehen. Hier war meist schon die Zuwendung der Mutter Mangelware. In der klassischen Psychosomatik bezeichnet man deshalb das Asthma Bronchiale als unterdrücktes Weinen oder als verdeckten Schrei nach der Mutter.

Nicht selten sind Asthmatiker passionierte Sammler unterschiedlichster Objekte. Hier können sie ungehindert anhäufen. Hier können sie den unbewusst empfundenen Mangel ausgleichen und sich so etwas wie eine Nische schaffen, in der sie dann so etwas wie Sicherheit empfinden. Hier kann ihnen niemand etwas nehmen, und hier müssen sie umgekehrt auch nichts hergeben. Das Problemfeld ist ausgeklinkt.

Generell können wir sagen, dass bei allen Krankheitsbildern, die mit der Atmung und den damit verbundenen Organen zu tun haben, das Grundprinzip des Ein- und Ausfließens, des Kommens und Gehens, des Nehmens und Gebens ursächlich betroffen ist. Und immer ist dieser Bereich auch mit Angst verbunden.

Gehen wir zu einem anderen Beispiel der psychosomatischen Auswirkungen unseres Themas „Loslassen".

**Schlafstörungen**

Es gibt zwei Grundformen der Schlafstörungen. Die Einschlafstörung und die Durchschlafstörung. Im ersten Fall liegt jemand stundenlang wach, ohne einschlafen zu können, im zweiten Fall schläft er zwar problemlos ein, wird nach kurzer Zeit wieder wach, kann dann nicht mehr oder nur sehr schlecht einschlafen und wird dann nach kurzer Zeit wieder wach.

Was auch immer. Niemand kann einschlafen wollen. Wollen ist der falsche Weg. Solange wir etwas wollen, halten wir uns auf der Wachebene fest. Erst wenn wir völlig loslassen, erst wenn es uns im Prinzip gleichgültig ist, was passiert, wenn wir die Kontrolle aufgeben, können wir den Zustand des Schlafens erreichen. Schlafen ist sozusagen der kleine Tod. Wir üben ihn täglich, und niemand, der einschläft, kann mit Sicherheit sagen, dass er auch am nächsten Morgen wieder wach wird.

***Schlafen bedingt das völlige Loslassen. Schlafen bedingt das völlige Fallenlassen. Schlafen bedingt die völlige Aufgabe der bewussten Kontrolle.***

Wer Schwierigkeiten mit dem Loslassen hat, wer Angst davor hat, sich fallen zu lassen und die Kontrolle zu verlieren, hat zwangsläufig Schlafprobleme. Auch hier wieder das Problem mangelnden Urvertrauens. Sie erinnern sich: „Ich werde geschützt, ich werde getragen, ich werde erhalten".

Oft höre ich Menschen behaupten, dass ihre Gedanken und Sorgen sie einfach nicht loslassen und sie sich stundenlang damit im Bett herumwälzen. Jedesmal widerspreche ich einer solchen Behauptung ganz entschieden. Denn diese Behauptung ist falsch.

*Es sind nicht die Gedanken und Sorgen, die den Menschen nicht loslassen, es ist vielmehr der Mensch, der die Gedanken und Sorgen nicht loslässt.*

Keine Wortklauberei – im Gegenteil: ein ganz entscheidender Unterschied. Wer hat wen? Wer geht mit wem um? Im ersten Fall wäre der Mensch den Gedanken und Sorgen hilflos ausgeliefert. Im zweiten Fall könnte der Mensch sie loslassen – wenn er denn könnte. Dazu bedarf es allerdings eines gezielten Trainings und einiger sinnvoller Übungen, auf die ich aber im Rahmen dieses Buches nicht weiter eingehen kann. Auch hier ist unbedingt an der Wurzel anzusetzen. Schlaftabletten sind keine Lösung.

**Der Verdauungstrakt**

Wir sind gezwungen, Nahrung aufzunehmen, oder wir verhungern – und wir sind ebenso gezwungen, den verarbeiteten Rest der Nahrung wieder loszulassen – oder wir vergiften uns selbst.

Nicht ganz zufällig zählen Verdauungsstörungen, Verstopfung oder Durchfall zu den häufigst genannten Beschwerden bei Arztbesuchen. Auch hier spiegelt sich in klassischer Weise das Prinzip des Ein- und Ausfließens, des Nehmens und wieder Hergebens. Im Prinzip können wir auch Essstörungen – und hier vor allem die Bulimie – mit zu diesem Problemkreis zählen. Hier wird Nahrung in Unmengen aufgenommen und anschließend durch den berühmten Finger im Hals wieder erbrochen, um neue Nahrung aufnehmen zu können.

Fangen wir bei den einfachen Bauchschmerzen an. Wir alle kennen aus dem Volksmund den Ausdruck, dass uns etwas Bauchschmerzen verursacht oder auf den Magen schlägt. Manchmal finden wir sogar etwas zum Kotzen – und das tun wir dann auch. Es kann auch sein, dass wir einfach die Nase voll haben. Das hätte dann wiederum mit der Atmung zu tun. Verzeihung, wenn ich so deutliche Ausdrücke verwende.

Der Magen-Darmtrakt ist ein System, das in hochsensibler Weise auf geistig-seelische Impulse reagiert. Gewisse Dinge können uns sogar den Appetit verderben, wir kriegen keinen Bissen mehr runter oder haben schwer daran zu kauen. Sie kennen solche Ausdrücke, die alle nicht zufällig entstanden sind. Sie entspringen den Beobachtungen, die Menschen an sich selbst und anderen machten. Auch wenn ich etwas nur schwer verdauen kann oder auch schwer daran zu schlucken habe, ist dies nichts anderes als die körperliche Übersetzung eines Problems auf der geistig-seelischen Ebene.

Bei chronischer Verstopfung (Obstipation) oder Durchfall (Diarrhö) sind die Zusammenhänge am deutlichsten sichtbar. Bei der Verstopfung spielt ein angstvolles Zurückhalten und Nichtshergeben-Wollen eine große Rolle, und beim Gegenstück, der Diarrhö, ist meist die zwanghafte Neigung, alles hergeben zu müssen und nichts behalten zu dürfen, die tiefere Ursache. Die Grundsteine zu diesen Persönlichkeitsmerkmalen werden bereits in der Kindheit gelegt. In jedem Fall wurde das angstfreie Fließen von Geben und Nehmen nicht trainiert, und meist war es das zwanghafte Verhalten der Mutter, das dabei übertragen wurde. Übertriebenes Reinlichkeitsverhalten, streng kontrollierende Mütter mit Verlustängsten, Sexualfeindlichkeit usw.

Natürlich ist das, was ich hier aufzeige, eine etwas undifferenzierte Darstellung. Selten trifft man diese Typisierungen in Reinkultur. Auch können Obstipation und Diarrhö wechselnd auftreten, und immer können auch andere Faktoren mitbeteiligt sein. Aber die aufgezeigte Grundstruktur und die Störung im Bereich des Gebens und Nehmens trifft in fast allen Fällen zu, und mir geht es hier vor allem darum, die Zusammenhänge zwischen geistiger Ursachensetzung und körperlicher Reaktion auch für medizinische Laien verständlich zu machen.

Von einer chronischen Verstopfung spricht man übrigens beim Absetzen von weniger als drei Stühlen pro Woche, und interessant ist, dass Frauen von der Obstipation statistisch dreimal häufiger betroffen sind als Männer. Bei Männern ist dagegen die Diarrhö weitaus häufiger. Dies lässt darauf schließen, dass auch das unterschiedliche Sexualverhalten sowie unterschiedliche Erwartungen, Frustrationen, Konfliktverarbeitung und Erfüllung im Bereich der Sexualität eine Rolle spielen müssen. Dies wäre dann im jeweiligen Einzelfall zu klären. Alles ist mit allem verbunden – alles beeinflusst sich gegenseitig.

**Das Herzeleid**

Am treffendsten haben es die Dichter beschrieben, wenn sie von gebrochenen Herzen, von Liebesschmerz und verzehrender Sehnsucht sprechen. So edel und groß solche Themen auch erscheinen, so sind sie doch allesamt nichts anderes als Probleme des Loslassens.

In den Kapiteln über die Eltern-Kind-Beziehung und über die Beziehung zwischen zwei Menschen haben wir ausführlich darüber gesprochen. Dieser Loslass-Schmerz in dieser Problematik kann so heftig sein, dass er zum Tod führt. Er oder sie starb an gebrochenem Herzen, und nun sind sie im Tode vereint. Organisch war das Herz vollkommen gesund. Niemand konnte etwas feststellen, und doch war der seelische Schmerz stärker als das gesunde Organ. Geist steht über Materie.

Oft erleben wir diesen Zusammenhang bei Ehepaaren, die lange und glücklich miteinander gelebt haben. Der eine stirbt, und der andere folgt ihm schon sehr bald. Zur Hälfte war er schon vorher gestorben, und mit der verbliebene Hälfte schien ihm nichts mehr lebenswert. Die innere Uhr wurde gestellt, die Zeit bis dahin abgesessen.

Wie Sie aus den vorherigen Kapiteln zu dieser Thematik wissen, kann ich derartigen Dramen nichts abgewinnen. Sie beruhen auf dem Fehler, den Partner als „mein" und nicht als ein Geschenk auf Zeit angesehen zu haben. Aber ich will mich nicht wiederholen. Fassen wir zusammen:

***Loslassen müssen wir immer und alles, selbst unser Leben.***

***Je mehr wir diesem Schöpfungsprinzip folgen, desto schmerzfreier gestaltet sich unser Leben.***

***Je mehr wir uns diesem Schöpfungsprinzip widersetzen, desto mehr werden wir leiden.***

In der langen Evolutionsgeschichte dieser Erde hat immer nur die Art überlebt und sich weiter entwickelt, die sich einer neuen Situation anpassen konnte.

Lassen Sie mich noch kurz einen letzten wichtigen Punkt ansprechen, und das ist der Einsatz einer Krankheit als Druckmittel. Dies geschieht häufiger, als wir gemeinhin annehmen.

**Krankheit als Druckmittel**

Nicht selten erfolgt so etwas wie ein letzter Versuch, vielleicht doch nicht loslassen zu müssen, indem Krankheit als moralisches Druckmittel eingesetzt wird. Z. B.: „Ich bin krank, du kannst mich doch jetzt nicht verlassen." Vielleicht auch noch: „Wenn du es trotzdem tust, bring ich mich um."

Dies ist eine der schäbigsten Arten der Erpressung, aber nach dem Gesetzbuch natürlich nicht strafbar. Aber was hat letztlich ein Erpresser von einer Beziehung, die nur auf solcher Basis weiter existiert? Nicht viel, und er selbst hat am allerwenigsten davon, denn er bleibt in seiner Krankheit. Unbewusst wird er die Krankheit niemals aufgeben – höchstens noch verschlimmern –, um dadurch an sich zu binden, was er binden möchte.

Und was hat letztlich der auf diesem Weg Erpresste von einer solchen Beziehung? Gar nichts – außer dem Gefühl, gefangen zu sein und in einer nicht oder nicht mehr gewollten Beziehung leben zu müssen. Dies wird auch ihn auf Dauer krank machen, und so können sich beide bis zum seligen Ende gegenseitig pflegen. Wie sinnvoll!

Nun habe ich dieses Problem in diesem Beispiel sehr schwarzweiß geschildert. Hier wird ja auch mit offenen Karten gespielt. Noch schäbiger aber als dermaßen offen ausgedrückte Drohungen ist die subtile Technik der Zuweisung unterschwelliger Schuldgefühle. Mütter können so etwas besonders gut: „Auf mich kommt es ja nicht an, Hauptsache ihr habt euren Spaß, um mich muss sich ja niemand kümmern."

Das Leben ist zu kurz und schade, um sich auf diese oder jene Weise in Unfreiheit zu begeben. Wenn Sie den ersten Versuchen einer Erpressung folgen, werden sie auch weiterhin erpresst werden. Es hat ja funktioniert. Das System ist etabliert und wird bis zum bitteren Ende angewendet.

Dies kann so weit gehen, dass sich tatsächlich jemand umbringt, um letztlich Recht zu behalten und die Schuld auf einen anderen abzuladen. Das beste Gegenmittel ist die Demonstration der Unerpressbarkeit vom ersten Moment an. Sie haben ein Recht auf Ihre freie Entscheidung. Es ist „Ihr" Leben.

Wenn Sie auf die subtile Form der unterschwellig herübergeschickten Schuldgefühle eingehen, werden sie ein ungutes Gefühl im Magen haben, und das, was zu einer Freude werden sollte, wird Ihnen im wahrsten Sinne des Wortes vergällt.

Wenn Sie solche Versuche nicht vom ersten Moment an entschieden von sich weisen und deutlich machen, dass Sie dafür nicht zur Verfügung stehen, wird auch diese Technik immer weiter angewendet werden, und damit wird es auch immer weiter in Ihnen fressen. Eine recht ungesunde Angelegenheit, vor der ich Sie ausdrücklich warnen möchte.

Bleiben Sie frei, lassen Sie sich nicht erpressen oder Schuldgefühle unterschieben. Der einzige Mensch, der für Ihr Wohlbefinden zuständig ist, sind Sie selbst. Dies gilt auch für jeden anderen erwachsenen Menschen. Sie können und sollten niemandem diese Eigenverantwortung abnehmen. Sie nehmen ihm damit einen wichtigen Lernstoff.

Ich hoffe, ich konnte Ihnen im einen oder anderen Punkt eine neue Sichtweise vermitteln, und wenn Sie Lust haben, schicken Sie mir einfach mal eine E-Mail (galanmaster@aol.com). Ich würde mich darüber freuen.

## Matt Galan Abend

Privatpraxis für neue Psychologie,
Psychotherapie und ganzheitliche Lebensheilung.
Individuelles Coaching

GALAN-MASTER-TRAINING
„DER WEG ZUR MEISTERSCHAFT DES LEBENS"

EINZELBETREUUNG IN ALLEN BERUFLICHEN
UND PRIVATEN PROBLEMSTELLUNGEN.
EINZEL-INTENSIVWOCHEN

— — — — — — — — — — — — — — — —

Ihre Kontaktmöglichkeit zum Autor:
EMAIL: GALANMASTER1@T-ONLINE.DE
HOMEPAGE: WWW.GALAN-MASTER-TRAINING.DE

# Weitere Bücher aus dem Verlag Via Nova:

## Das eigene Leben erfolgreich managen
### Wie Sie dabei ein Burnout vermeiden
### Matt Galan Abend

Hardcover, 160 Seiten, ISBN 978-3-86616-231-0

Der Psychotherapeut und Erfolgs-Coach M.G. Abend sieht in den positiv ausgestrahlten Persönlichkeitsmerkmalen, wie Selbstvertrauen, innere Sicherheit und Gelassenheit, die Voraussetzungen für jeglichen Erfolg im Leben. Wer sich selbst erfolgreich managt, kann auch andere Aufgaben erfolgreich bewältigen, sei es die Familie, den Betrieb oder Konzern, eine Partei oder einen Verein. Bestimmte Gesetzmäßigkeiten gelten immer und überall, im Größten wie im Kleinsten. In diesem klar strukturierten und gut verständlichen Buch erhalten der Leser, die Leserin viele wertvolle Anregungen, ihre Lebens- und Lernaufgaben zu erkennen, zu bearbeiten und zu lösen. Und das Erstaunliche ist, dass der Autor mit seinen Patienten erfahren hat, dass auf diese Weise jeder Burnout vermieden wird.

## Im Urvertrauen leben
### Loslassen, fallen lassen, gelassen sein
### Matt Galan Abend

Hardcover, 176 Seiten, ISBN 978-3-86616-199-3

Viele Menschen leben heute mehr im „Urmisstrauen" als im Urvertrauen: Geprägt durch Erfahrungen der Kindheit und ihres täglichen „Lebenskampfes" misstrauen sie oft allem und jedem – natürlich auch sich selbst. Sie wollen alles beobachten, alles kontrollieren, alle Fäden in der Hand behalten und wittern überall Angriff und Gefahr. Das verbraucht Ihre Energie, und Sie erfahren immer mehr Ihre Begrenzung und Ihren Mangel statt die Fülle der Schöpfung. Dieses Buch zeigt den Weg, wie wir auch noch als Erwachsene die essentiell wichtige Basis des Urvertrauens aufbauen können, wie wir lernen, unsere Lebensaufgabe zu erkennen, anzunehmen und zu lösen, kreativ-spielerisch zu gestalten, statt zu kämpfen, uns unserer wahren Schöpferkraft bewusst zu werden und die geistigen Gesetze der Schöpfung für uns, statt gegen uns wirken zu lassen.

## Ich will leben statt gelebt zu werden
### Ein Weg zur inneren und äußeren Freiheit
### Matt Galan Abend

Hardcover, 144 Seiten, ISBN 978-3-86616-189-4

Ist das wirklich mein Leben, das ich hier und jetzt lebe? Wie kann ich frei werden von dem, was „man" denkt und tut, und mich und mein Leben aus meinem innersten Wesenskern heraus selbst bestimmen? Der Psychotherapeut M.G. Abend ermuntert den Leser, sich diesen Fragen zu stellen, sich und seine Lebensumstände zu analysieren, die Bedürfnisse seines „wahren Ichs", seiner Seele als innerer Beobachter, die Lernaufgabe und den Sinn des eigenen Lebens zu erkennen und sich selbst zu vertrauen. Dieses Buch hilft, besonders auch durch entsprechende Methoden und Beispiele, sich von inneren und äußeren Belastungen („Energiefresser") zu lösen, die eigenen Lebensverhältnisse zu verbessern, frei zu werden und mehr Lebensfreude zu empfinden.

## Trennung oder Neuanfang?
Bewältigung von Partnerschaftskrisen aus psychologischer und juristischer Sicht
Matt Galan Abend / Celia Elsdörfer

Hardcover, 160 Seiten, ISBN 978-3-86616-141-2

Die beiden Autoren Matt Galan Abend (Psychologe) und Celia Elsdörfer (Rechtsanwältin) behandeln die psychologische und die juristische Seite einer Problematik, in die heutzutage immer mehr Menschen verstrickt sind. Dieses Buch zeigt genau auf, auf welchem Boden sich solche Problematiken entwickeln, welche Fehler gemacht werden, wie solche Fehler zu vermeiden sind, was dabei unsere Lernaufgabe ist. Menschen, die in problematischen Partnerschaften leben, die vielleicht schon vor der Frage des Aufgebens stehen, erhalten hier fundierte Antworten, die aus täglicher Praxis und eigener Lebenserfahrung entstanden sind und nicht nur irgendwelchen Theorien folgen.

## Räum dein Leben auf!
100 % mehr Lebensfreude / Matt Galan Abend

2. Auflage

Hardcover, 144 Seiten, 41 z.T. ganzseitige Zeichnungen, ISBN 978-3-86616-060-6

Der Mensch ist eingeschlossen in ein Gefängnis aus Konditionierungen, wie „man" zu sein hat, was „man" tut, was „man" von ihm erwartet, was „man" von ihm denkt usw. Der Mensch „kämpft" um alles und jedes, um sein Ansehen, um sein Geld, um seine Gesundheit, seine Sicherheit, seinen Arbeitsplatz oder was auch immer. Leichtigkeit, Lebenslust und Lebensfreude bleiben dabei meist auf der Strecke. Wenn wir gründlich Hausputz halten, wenn wir uns aus dem Dickicht unserer Konditionierungen befreien, wenn wir endlich aufräumen und das berühmte „Man" aus unserem Leben verbannen, wenn wir die Sorge darum verlieren, wie andere über uns denken, wenn wir die Angst überwinden, unseren Partner, unseren Job oder gar unser Geld zu verlieren, wenn wir den Maßstab in uns selbst und nicht im Außen finden, kann dies so etwas wie unsere zweite Geburt sein. Aber diese Änderung kann immer nur von innen nach außen, und niemals von außen nach innen erfolgen. Die vielen künstlerischen Zeichnungen von Annette Kramer unterstützen die eindringlichen Aussagen des Buches.

## Leben wie neu geboren
Noch einmal • ganz anders anfangen • ganz anders denken • ganz anders handeln / Matt Galan Abend

Hardcover, 128 Seiten, 10 Zeichnungen, ISBN 978-3-86616-088-0

Was würden Sie alles anders machen, wenn Sie Ihr Leben noch einmal von vorne beginnen könnten? Auch Sie können tatsächlich so etwas wie eine zweite Geburt erleben, Ihr Leben noch einmal ganz neu betrachten, ganz neu ordnen, ganz andere Schwerpunkte setzen und damit auch zu einer ganz neuen Beziehung zu sich selbst und zu Ihrem Leben finden. Wie die grundsätzliche Neuorientierung eines Lebens möglich ist, zeigt der Autor am praktischen Beispiel eines Rechtsanwalts, der seine Ängste und einengenden Prägungen überwinden konnte und damit eine ganz neue Qualität in sein Leben brachte. Die flüssige, meist humorvolle, z.T. auch ironische Sprache des Autors und das lebensechte Beispiel garantieren eine spannende Lektüre. Seine direkte Ansprache, Überlegungen und Empfehlungen überzeugen auf Anhieb. Ein Buch, das auch Ihr Leben verändern kann.

## Sprechstunde mit dem inneren Arzt
### Wecke die Heilkräfte in dir selbst / Matt Galan Abend

Hardcover, 160 Seiten, ISBN 978-3-86616-071-2

2. Auflage

Dieses Buch ist vor allem für Laien geschrieben und erklärt in verständlicher Sprache, wie typische Verhaltensmuster zu ebenso typischen Krankheitsbildern, zu sogenannten Zivilisationskrankheiten führen wie Rückenbeschwerden, Tinnitus, Stress-Syndrom, Bluthochdruck, Sexualstörungen u. a. Der Autor beleuchtet auch den psychischen Hintergrund. Sein Modell der 5 Ebenen beweist, dass eine Erkrankung immer den ganzen Menschen betrifft. Aber wie wir uns selbst krank machen, können wir uns auch selbst wieder gesund machen. Wir können die Gesundheit unserer unbegrenzten Geistebene auch auf unsere begrenzte körperliche Materie übertragen, indem wir uns unserer eigenen Kraft, heilsamer und unheilsamer Energiefelder bewusst werden, die Erkrankung als Aufgabe annehmen und die richtigen Techniken anwenden. An praktischen Beispielen wird erklärt, wie wir uns selbst testen können, ob Medikamente uns nützen oder schaden, wie wir die Wirkung medizinischer Therapien beträchtlich steigern und vermeiden können, dass eine Krankheit chronisch wird.

## Die Angst ist ein seltsamer Vogel
### Wie wir Ängste und Blockaden spielerisch überwinden können
### Matt Galan Abend

Hardcover, 144 Seiten, 10 Zeichnungen, ISBN 978-3-86616-106-1

Noch nie war das menschliche Leben so angstbesetzt wie heute: Existenzangst, Versagensangst, Angst um den Arbeitsplatz, Angst vor Verarmung, dem Alter, vor Krankheit, dem Alleinsein usw. usw. Für den Autor lautet die alles entscheidende Frage: Habe ich Angst – oder hat die Angst mich? Wer hat wen? Wer geht mit wem um? Matt Galan Abend entlarvt zunächst die Angst als Software unseres Unterbewusstseins, beschreibt Ursachen und Hindernisse, weshalb die Angst so bedrohlich ist und unüberwindbar scheint. Er lehrt, wie man sich von der Angst trennen und die Identifikationen mit ihr auflösen kann. Der Autor personifiziert die Angst in diesem Buch mit der Figur des seltsamen Vogels und zeigt darüber hinaus einen Weg, wie wir Ängste und Blockaden auch aus unserer unbegrenzten, geistigen Ebene heraus heilen können.

## Das Doppel-Ich
### Eine authentische Lebensgeschichte / Matt Galan Abend

Hardcover, 160 Seiten, ISBN 978-3-86616-029-3

Ihrem Wesen nach sind die beiden Ebenen des Menschen unvereinbar. Eine lebenslange Zerreißprobe. Die eine Ebene will, die andere Ebene bremst. Die unbegrenzte Seele sagt z. B. ja, der begrenzte Verstand analysiert, sagt nein, morgen wieder ja und übermorgen ... Lösbar ist dieser Dauerkonflikt letztlich nur durch eine Identifikation unseres ICH mit unserer geistigen Ebene. Der Autor schildert diesen inneren Führungskampf aus der Sicht der inkarnierten Seele. In eine kleinbürgerliche Familie geboren, hat sich der Verfasser das Bewusstsein seiner ganzheitlich-göttlichen Herkunft bewahrt und sieht sein Leben aus dieser Perspektive. Die Seele hält Distanz zu ihrem „menschlichen Persönlichkeit", beobachtet sie, kommentiert ihr Verhalten und Handeln, trickst sie aus, wird von ihr ausgetrickst, arrangiert sich mit ihr und setzt sich endlich durch, um zusammen mit ihr die Lebensaufgabe zu lösen. Sympathisch ist der trocken-schlagfertige Stil, in dem der Verfasser sein Leben beschreibt, ohne Wehleidigkeit, nüchtern, sachlich, witzig. Dieses Buch vermittelt dem Leser einen authentischen Einblick in tiefere Schichten des Menschen.

## Der individuelle Weg zu Gott
Religionsübergreifend und neutral
Matt Galan Abend

Hardcover, 120 Seiten, ISBN 978-3-86616-018-7

C. G. Jung hat einmal sinngemäß gesagt, dass von einem bestimmten Punkt an alle psychischen Probleme der Menschen religiöser Natur sind. Als Psychologe und Psychotherapeut begegnet der Verfasser täglich den Sorgen, Zweifeln und Ängsten der Menschen, die, sofern sie überhaupt noch an Gott glauben, mit Gott unlösbar erscheinende Schwierigkeiten haben. Gibt es angesichts der Ungerechtigkeiten und des Elends in der Welt einen gerechten, liebenden Gott? Wie kann er zulassen, was in der Welt an Bösem geschieht? Warum gibt es überhaupt das Böse? Gibt es einen Himmel und eine Hölle? Gibt es eine Wiedergeburt? Hat es überhaupt Sinn zu beten? Wie ist Gott? Brauchen wir Fürsprache bei ihm? Dies sind Fragen, denen sich der Verfasser in seiner Praxis immer wieder gegenüber sieht. Und welche Antworten kann er den Menschen geben? Gott ist kein Tyrann, sagt er, er will uns nicht bestrafen, er hat uns nicht gekündigt, er will uns keine Furcht vor ihm und seinen unerforschlich erscheinenden Ratschlüssen einjagen, denn wir sind ja nicht getrennt von ihm, sondern in ihm.

## Praxisbuch Entscheidungen
Martin R. Mayer

Paperback, 128 Seiten, ISBN 978-3-86616-230-3

Laufend stehen wir vor der Aufgabe, Entscheidungen zu treffen. Vielen fällt es schwer, sich zu entscheiden. Manche treffen ungünstige Entscheidungen, die sie später bereuen. Es lohnt also, sich damit zu beschäftigen, wie man sich sach- und personengemäß entscheiden kann. Dieses Buch bringt alle Informationen, die man braucht, um sich angemessen entscheiden zu können. Es berücksichtigt die neuesten Erkenntnisse der Gehirnforschung, zeigt Entscheidungstechniken auf und erörtert mögliche Schwierigkeiten. Es ist verständlich und lebendig geschrieben, ein Buch für die Praxis, besonders für Jugendliche und Manager.

## Ruheloser Geist trifft Achtsamkeit
Aus der Zeit in den Moment
Matthias Dhammavaro Jordan

Taschenbuch, ca. 160 Seiten, ISBN 978-3-86616-252-5

Einfachheit und Tiefe sind die Qualitäten dieses Buches. Der ehemalige buddhistische Mönch spricht aus eigener Erfahrung, verständlich, unterhaltsam, lehrreich, inspirierend und mitten im Leben stehend. Sofort findet der Leser sich selbst wieder und wird behutsam und fundiert an essentielle Weisheiten herangeführt. Vor allem aber zeigt das Buch, sowohl bei den Betrachtungen über die Wirkungsweise des menschlichen Geistes als auch bei den Meditationsanleitungen, wie man durch bewusstes Üben der Achtsamkeit innere Ruhe und Frieden finden und ein entspanntes und erfülltes Leben führen kann. Zeit ist kostbar und dieses Buch zeigt uns den Weg vom Hier ins Jetzt und, wie wir den Reichtum des Augenblicks neu erleben und wertschätzen können.